Unterkofler • Bodensee

D1674513

Gerhard Unterkofler

Bodensee

Einbandgestaltung: Nicole Lechner
Titelbild: Gerhard Unterkofler

Bildnachweis: Alle Fotos und Skizzen stammen vom Verfasser.
Die farbige Übersichtskarte erstellte KARTOGRAPHIE Peh/Schefcik, Eppelheim.

ISBN 3-613-50298-4

Copyright © by Pietsch Verlag, Postfach 103743, 70032 Stuttgart
Ein Unternehmen der Paul Pietsch Verlage GmbH + Co
1. Auflage 1998

Lektor: Oliver Schwarz
Innengestaltung: IPa, Vaihingen/Enz
Druck: Maisch & Queck, Gerlingen
Bindung: Spinner, Ottersweier
Printed in Germany

Inhalt

Vorwort

Die Dörfer sind wie ein Garten,
in Türmen von seltsamen Arten
klingen die Glocken wie weh.
Uferschlösser warten
und schauen durch schwarze Scharten
müd auf den Mittagsee.

Und schwellende Wellchen spielen,
und goldene Dampfer kielen
leise den lichten Lauf;
und hinter den Uferzielen
tauchen die vielen, vielen
Silberberge auf.

Mit diesen Zeilen hat Rainer Maria Rilke den Bodensee stimmungsvoll geschildert. Aber auch andere Dichter und Autoren wie Goethe, Hölderlin, Zweig oder Hesse haben in ihren Werken das »Schwäbische Meer« und seine Umgebung verewigt. Und mancher Schriftsteller und Maler hat sich sogar am Bodensee niedergelassen. Die idyllische See, die segelnden Boote, die Alpenkulisse im Süden, die Weingärten, Uferschlösser und malerischen Altstädte haben sie alle inspiriert.

Der Bodensee ist mit seinen 539 Quadratkilometern der drittgrößte Binnensee Europas und hat sich zum Touristenziel Nummer eins in Mitteleuropa entwickelt. Alljährlich zieht es Millionen Touristen an seine Gestade. Nicht von ungefähr: Ob in Deutschland, der Schweiz oder Österreich, zahlreiche landschaftliche und geschichtliche Höhepunkte reihen sich aneinander wie die Perlen einer Kette.

Für viele Urlauber ist das »Schwäbische Meer« zu einer Art Mittelmeerersatz geworden: Palmen, Bananenstauden und andere exotische Gewächse in den zahlreichen Parkanlagen verpassen den Orten südländisches Flair. Und manch ein Ort schmückt sich mit Attributen wie »Venedig des Nordens« (Lindau) oder »Nizza am Bodensee« (Überlingen).

An den Ufern dieses Dreiländersees zeugen historische Sehenswürdigkeiten von der bewegten Geschichte. Da gibt es Funde aus allen Epochen der menschlichen Entwicklung: Steinzeitmenschen, Römer und Kelten lebten an seinem Ufer; Staufer, Merowinger, Habsburger und andere europäische Herrscherhäuser aber auch Diktatoren haben ihre Spuren hinterlassen.

Heutzutage erobern immer mehr Radfahrer den flachen Uferstreifen. Lokale Radwege und eine gut beschilderte etwa 260 Kilometer lange Rundtour (einschließlich Überlinger-, Gnaden-, Zeller- und Untersee) haben das Bodenseegebiet zu einem Fahrrad-Eldorado gemacht. Sanfte und hohe Berge, Flußlandschaften und drei Länder liegen auf engstem Raum zusammen, damit gehört der Bodensee auch zu den vielseitigsten Radregionen Europas. Auf dem beinahe lückenlosen Radwegenetz um den ganzen See pedalieren in der Hochsaison während der Wochenenden Tausende von Bikern. Da tut man gut daran in die Nebensaison auszuweichen oder mit dem Rad ins schöne ruhige Hinterland zu fahren. Der Bodensee bietet für jeden etwas, egal ob Sie jung oder älter sind, ob Sie zu den sportlichen Bikern oder zu den Genußradlern zählen.

Zum Aufbau des Buches

Die 30 schönsten Radtouren am Bodensee, die in diesem Buch zusammengetragen sind, bieten eine große Auswahl an Tages- und Halbtagesfahrten zwischen 20 und 60 Kilometern. Je nach Lust und Laune können die verschiedenen Vorschläge kombiniert werden; alle Touren zusammen ergeben 1200 Radkilometer. Die Rundtouren führen vom See ins nahe, landschaftlich recht abwechslungsreiche, Umland: das flache Rheintal, die hügeligen Wein- und Obstflächen im schweizerischen Thurgau und in Deutschland, das Appenzeller Land, der Bregenzerwald, das Vulkangebirge Hegau, das sanft

hügelige Allgäu und entlang des Hochrheins. Natürlich wurde auch die beliebte Bodenseerundfahrt nicht vergessen. Wer noch mehr Radkilometer abspulen will, findet in Broschüren der Fremdenverkehrsämter zahlreiche weitere lokale Radrouten, die von Jahr zu Jahr mehr werden.

Die Touren, die meist abseits der stark frequentierten Straßen angelegt wurden, sind in drei Schwierigkeitsgrade eingeteilt: *Einfache Touren* sind mit einem Drei-Gang-Rad problemlos machbar. *Mittlere Touren* bedürfen etwas mehr Kondition, mit kleinen Steigungen muß gerechnet werden, Kinder sollten schon etwas Raderfahrung haben. Durchschnittsradler werden auch diese Strecken problemlos meistern. *Sportliche Touren* sind etwas für geübte Biker. Wer das nicht ist, muß auf die Tour nicht verzichten, aber dafür das Rad streckenweise schieben. Eine 21-Gang-Schaltung ist von Vorteil.

Bei der Planung einer Tour ist es empfehlenswert, im Anschluß an die Tourenbeschreibung in der Rubrik »Tips« den Punkt »Zusätzliche Touren« oder »Alternative Radtouren« anzuschauen; dort finden Sie eventuell Vorschläge wie man eine Tour abkürzen, verlängern oder variieren kann.

Von A bis Z: Radwandern rund um den Bodensee

Anreise

Mit dem Auto: Mehrere Autobahnstränge führen zum Bodensee. In der Schweiz gelangt man auf der »N 1« von Zürich über Winterthur nach St. Gallen oder Rorschach. Ab Winterthur führt die »N 7« nach Kreuzlingen, und wer aus der Region Chur kommt, erreicht über die »N 13« St. Margrethen oder Rorschach.

Urlauber aus Innerösterreich können auf der West-, Inntal- und Rhein-alautobahn die Bodenseeregion erreichen.

In Deutschland führt die »A 7« von Flensburg über Hamburg, Hannover, Kassel, Würzburg, Ulm nach Lindau. Wer an die Westseite des »Schwäbischen Meeres« (Überlinger See, Konstanz, Radolfzell) möchte, sollte über Stuttgart auf der »A 81« nach Stockach fahren.

Mit der Bahn: Der Bodenseeraum ist mit der Bahn sehr gut erreichbar. Ideale Zielorte sind Konstanz, Friedrichshafen, Lindau, Bregenz, Rorschach und Schaffhausen. Direktverbindungen gibt es von Frankfurt/Main über Stuttgart nach Konstanz; von München nach Lindau; von Stuttgart oder Ulm nach Friedrichshafen.

In Österreich fahren mehrere Züge täglich von Wien nach Bregenz. Die Schweiz hat Direktverbindungen von Chur nach Rorschach mit Umsteigen bis Kreuzlingen; von Zürich über Winterthur und St. Gallen nach Rorschach; von Zürich und Basel nach Schaffhausen. Über den kürzesten Anreiseweg wird man Ihnen beim Bahnhof oder unter folgenden Telefonnummern Auskunft geben: Deutschland, Tel. 0049/19419, Schweiz, Tel. 0041/1572222, Österreich/Bregenz, Tel. 0043/5574/1717.

Auskunft

Für eine Reisevorbereitung sind neben den Reiseführern die Telefonnummern der Verkehrsämter wichtig. Die Mitarbeiter dieser Informationsbüros stehen Ihnen mit Rat und Tat und natürlich mit vielen Infos über den betreffenden Ort zur Verfügung. Wenn Sie einen Brief oder ein Fax schicken, schreiben Sie ganz klar, was Sie wissen möchten. Sie erhalten auch Adressen von Übernachtungsmöglichkeiten und können über die Verkehrsämter die Unterkunft buchen. Radfahrer bekommen Kartenmaterial meist gegen eine Gebühr. Interessante Informationen bietet das jährlich neu erscheinende *Bodensee-Magazin* (ca. 10 DM + 4 DM Versandkosten). Bestelladresse:

Labhardsweg 6,
D-78462 Konstanz,
Tel. 07531/90710,
Fax 07531/907131.
Die Adressen der lokalen Verkehrsämter finden Sie bei den entsprechenden Tourenvorschlägen. Anschließend die Adressen überre-
gionaler Tourismusbüros:

Deutschland
Int. Bodensee-Verkehrsverein und
Tourismusverband Bodensee-Ober-
schwaben
Schützenstraße 8
D-78462 Konstanz
Tel. 07531/90940
Fax 07531/909494

Österreich
Vorarlberg Tourismus
Römerstraße 7
A-6901 Bregenz
Tel. 05574/425250
Fax 05574/4339110

Schweiz
Thurgau Tourismus
Gemeindehaus
CH-8580 Amriswil
Tel. 071/4118181
Fax 071/4118182

Tourismusverband Ostschweiz
Bahnhofplatz 1a
CH-9001 St. Gallen

Tel. 071/2273737
Fax 071/2273767

Ausrüstung

Fahrrad: Empfehlenswert ist ein
stärkeres Tourenrad (28-Zoll-Rei-
fen) mit 18 oder 21 Gängen,
denn ein längerer Trip wird erst
durch mehrere Gänge so richtig
zum Genußritt. Trotzdem, es gibt
genügend Radler, die am Bodensee mit einfachen Drei-Gang-
Rädern unterwegs sind. Falls Sie
ab und zu eine Mountainbiketour
unternehmen wollen, können Sie
es vor Ort mieten.
Ich habe beinahe alle Touren mit
dem Trek-Mountainbike »Single
Track 970« abgeradelt, dabei
habe ich es etwas verändert: Ein
hochgezogener Lenker ermöglicht
ein Radeln auf ebener Strecke
ohne Genicksteife, trotzdem eignet
es sich auch für nicht zu extremes
Bergradeln. Um das Radeln auf
Asphalt angenehmer und leichter
zu machen, habe ich beinahe pro-
fillose Reifen aufgezogen. Ihr Fahrradhändler kann Ihnen sicherlich
gute Tips geben. Auch Stoßdämp-
fer sind schon längst kein Luxus
mehr.
Bei einer langen Reise ist es
besonders wichtig, daß das Fahrrad der Körpergröße angepaßt ist,
dabei sollte der Sattel nicht zu

weich sein. Vor allem sei darauf hingewiesen, daß es einen Unterschied zwischen Damen- und Herrensätteln gibt. Vergessen Sie nicht, ein Reparaturset (Pumpe, Flick- und Werkzeug) mitzunehmen; gröbere Mängel können bei den zahlreichen Fahrradhändlern behoben werden. Natürlich muß das Fahrrad (auch ein Mountainbike) verkehrstüchtig sein. Gesetzlich vorgeschrieben sind: zwei voneinander unabhängige Bremsen (Vorder- und Hinterradbremse), eine mit dem Fahrrad fest verbundene Lampe, ein rotes Rücklicht und rote Rückstrahler, gelbe Pedalrückstrahler, eine helltönende Glocke, Speichenreflektoren oder reflektierende Reifen bzw. Felgen. Für Bergstrecken sollten Sie unbedingt einen Helm mitnehmen. In den letzten Jahren fahre ich auch vermehrt auf flachen Wegen mit einem solchen Kopfschutz.

Gepäck: Wenn Sie mit dem Zelt unterwegs sind, werden zwei stabile, relativ wasserdichte Packtaschen notwendig sein. Im Notfall können Sie jene Sachen, die absolut trocken bleiben müssen, in Nylonsäcke verpacken. Es lohnt sich, Radtaschen zu verwenden, die mit wenigen Handgriffen befe-

stigt und gelöst werden können. Zusätzlich ist eine Lenkertasche äußerst vorteilhaft, dort können Fotoapparat, Wertsachen und sonstige Dinge, die jederzeit griffbereit sein sollten, verstaut werden. Im durchsichtigen Kartenfach kann man zudem seine Radkarte unterbringen. Lenkertaschen, die mit einem einfachen Klickverschluß befestigt werden, schonen das Nervenkostüm gewaltig. Vergessen Sie nicht, eine Sonnenbrille und ein Sonnenschutzmittel sowie genügend alkoholfreie Flüssigkeit für unterwegs mitzuführen. Die Meinung, daß Bier Energie bringe, mag zwar stimmen, doch dafür dehydriert Alkohol den Körper, und das ist das Letzte, was ein Radler braucht.

Kleidung: Radlerhosen schützen Ihr Gesäß und sind besonders bei längeren Fahrten angenehm. Bunte Radlershirts sind nicht jedermanns Geschmack. Doch es gibt auch T-Shirts, die aus Mikrofasern bestehen und Feuchtigkeit nach außen leiten. Nehmen Sie immer noch ein zweites T-Shirt mit. Nach schweißtreibenden Fahrten wird einem bei einer schnelleren Abfahrt recht schnell kühl. Mit einer guten atmungsaktiven Regenjacke und einer ebensolchen

Regenhose macht radfahren auch bei schlechtem Wetter Spaß.

Bahn und Fahrrad

Rund um den Bodensee fahren Regionalzüge, in denen man das Fahrrad zu günstigen Bedingungen mitnehmen kann. Informationen erhält man telefonisch (siehe »Anreise«) oder im Fahrplan.

In *Vorarlberg* (Österreich) ist es zur Zeit möglich, für 12 ÖS (ca. DM 1,70) eine Tageskarte zu kaufen, mit der das Rad in allen Regionalzügen mitgenommen werden kann. Nur zu Spitzenzeiten oder wenn der Zug überfüllt ist, darf der Schaffner Sie zurückweisen.

In der *Schweiz* kann in allen Zügen der SBB, die einen Gepäckswaggon besitzen, das Rad für eine Gebühr von 12 Sfr (ca. 13 DM) selbst im Gepäckswaggon aufgehängt werden. In den Regionalzügen wird das Rad in den Vorraum der einzelnen Waggons mitgenommen. Der Betrag gilt für Fahrten während des ganzen Tages.
Für die Bahnen ins Appenzell, nach Heiden oder Walzenhausen besteht für Fahrräder nur eine beschränkte Beförderungsmöglichkeit. Doch werktags gibt es meist

keine Probleme. Infos: RHB-Bahnhof Heiden, Tel. 071/8911852; Appenzeller Bahnen, Tel. 071/7889641.

In *Deutschland* können die Fahrräder – bei Selbstverladung – für 6 DM mitgeführt werden. Allerdings muß man sich zuvor informieren, ob der Zug auch einen Gepäcksabteil für Fahrräder besitzt. Radfahrer-Hotline der Deutschen Bundesbahn: Tel. 0180/3194194.

Bodenseeradweg

Der Bodenseeradweg, der durchgehend recht gut ausgeschildert ist, hat eine Länge von insgesamt 260 Kilometern. Für das Überschreiten der Grenzen sind Ausweise notwendig. Diese interessante Tour kann in kleinere oder größere Tagesetappen eingeteilt werden, die dann von einem festen Standort aus beginnen. Schiff und Bahn können dabei ideal miteinbezogen werden. Natürlich ist eine Umrundung auch mit wechselnden Übernachtungsorten möglich.
Für die gesamte Tour brauchen sportliche Radler 2 Tage, doch wer die Reise genießen will, sollte mindestens 4–5 Tage veranschlagen. Die Broschüre »RadUrlaub am Bodensee« enthält genaue

Pläne für eine Bodenseeumrundung. Auch Radreiseveranstalter helfen bei der Planung und beim Buchen von Unterkünften. In diesem Radbuch wird die Bodenseerunde in den drei Touren 28 – 30 beschrieben.

Fahrradverleih

In allen drei Staaten gibt es zahlreiche Verleihstellen. Da beinahe alle Touren, die in diesem Buch beschrieben sind, bei einem Bahnhof beginnen, ist es natürlich ideal, dort auch die Räder zu mieten. Unter bestimmten Bedingungen können die Fahrräder auch an einem anderen besetzten Bahnhof zurückgegeben werden. In der Hochsaison ist eine Vorbestellung empfehlenswert. Der Mietpreis ist vom Fahrradtyp abhängig. In Deutschland sind die Leihstellen bei den Bahnhöfen in privater Hand.

Für mehrtägige Touren empfiehlt es sich allerdings, das eigene Rad mitzunehmen, schließlich sollte das Fahrrad genau auf die Körpergröße abgestimmt sein.

Neben der Bahn gibt es natürlich noch viele private Fahrradhändler, deren Leihräder zwar etwas teurer aber in der Regel auch besser sind. Je nach Radtyp muß mit etwa 15–30 Mark gerechnet werden.

Die Telefonnummern von Ausleihstellen erfahren Sie bei der jeweiligen Tourenbeschreibung oder in den lokalen Verkehrsämtern.

Geld

Bargeld dabei zu haben, ist von Vorteil, denn nicht überall können Sie mit Kreditkarten bezahlen. Allerdings gibt es genügend Bankomaten, die das benötigte Geld ausspucken. Auf den meisten Bodenseeschiffen können Sie mit Schweizer Franken, Deutschen Mark oder Österreichischen Schillingen bezahlen. Dies ist auch oft in der Gastronomie möglich. Eine Besonderheit bietet die Schweizerische Bundesbahn: deren Ticketschalter fungieren gleichzeitig als Wechselstube.

Die ungefähren Umtauschverhältnisse sind:
100 DM – 710 ÖS,
100 Sfr – 110 DM,
100 Sfr – 850 ÖS.

Kartenmaterial

Aus der Vielzahl von Wanderkarten der verschiedensten Verlage halte ich die nachfolgend genannten für besonders geeignet:
Die Kompaß-Wanderkarten »Bodensee Gesamtgebiet« (1:75.000), »Bodensee West« (1:50.000) und »Bregenzerwald

Westallgäu« (1:50.000) leisten gute Dienste. Die Rad- und Wanderkarte des RV Verlags »Hegau _ Westlicher Bodensee« reicht bis nach Schaffhausen. Für das deutsche Nordufer des Bodensees und das Hinterland gibt's die Radwanderkarte »Bodenseekreis« (1:50.000).
Der Verlag Kümmerly + Frey hat in Zusammenarbeit mit dem Verkehrs-Club der Schweiz zwei interessante Velokarten (1:60.000) herausgegeben: »St. Gallen – Appenzell« und »Bodensee – Thurgau« (beinhaltet auch das gesamte deutsche Bodenseeufer). Ich empfand die Karten als etwas gewöhnungsbedürftig, aber darauf sind die Steigungen in drei Schwierigkeitsgraden eingezeichnet und die fahrradfreundlichen Straßen besonders gekennzeichnet.
Darüber hinaus gibt es bei den verschiedensten Verkehrsämtern Radkarten mit eingezeichneten Routen für das ausgewählte Gebiet.

Karten haltbar machen
Wenn Karten häufig verwendet werden, zerreißen sie gerne. Was tun? Schneiden Sie einfach die Karte in Teile von 21 cm x 15 cm (damit Sie locker in das Kartenfach passen) und überziehen Sie diese mit Klebefolie. Oder noch besser: Diese Teile können laminiert (mit Folie verschweißt) werden. In manchen Orten gibt es Copy-Shops, die dies machen. Die Folie muß die Ränder um etwa zwei Millimeter überragen. Solcherart präparierte Karten sind absolut wetter- und knitterfest.

Kulinarisches

Das Bodenseegebiet ist bekannt für seine Fischgerichte. Am häufigsten werden Felchen serviert, aber auch Barsche sind beliebte Speisefische. Letztere heißen in der Schweiz »Egli« und in Österreich »Kretzer«.
In der Schweiz sollten Sie unbedingt einmal ein Käsefondue probieren. Dies besteht aus einer Käsemischung aus Emmentaler, Greyerzer und Appenzeller mit einem Schuß Weißwein. Alles zusammen wird in einem Topf langsam erhitzt, bis die Masse sämig ist. Dann wird der Topf auf den Tisch gestellt, wo das Ganze auf offener Flamme weiterkocht. Auf lange Gabeln werden Weißbrotwürfel gesteckt und in die Käsesauce getunkt. Anschließend schwören Einheimische auf ein Gläschen Kirschwasser, (natürlich nur) weil dies die Klumpenbildung im Magen verhindere.

Raclette mit »Gschwellti« ist eine weitere Schweizer Spezialität, dabei werden zerronnene Käsescheiben mit Pellkartoffeln serviert. Ein einfaches aber typisch Schweizer Essen sind St. Galler Kalbsbratwürste und als Beilage deftige »Röschti«. »Röschti« sind nichts anderes als grob geraspelte Kartoffeln, die mit Zwiebeln vermischt in einer Pfanne flachgedrückt werden und dann für mehrere Minuten braten dürfen. Zum Nachtisch gibt's Rueblitorte, ein Biskuitteig, in den geriebene Haselnüsse und feingeraspelte Ruebli (Karotten) gemengt werden.

Die deutsche Bodenseeküche ist bekannt für ihre Maultaschen, Spätzle oder Flädlesuppe. Die Spätzle werden, wenn der Koch etwas auf sich hält, handgemacht. Dabei werden Mehl, Eier und Wasser angerührt, und mit einem speziellen Spätzlehobel wird die Teigmasse in kleine Stücke geschabt, die sofort ins siedende Wasser purzeln. Danach werden die Spätzle aus dem kochenden Wasser gesiebt, mit Käse vermischt und anschließend mit gerösteten Zwiebeln garniert. Die Flädlesuppe besteht aus einer Fleischbrühe mit Fridatten, und die Maultaschen sind ein Nudelgericht, das mit Hackfleisch, Brät, Spinat, Ei und Zwiebeln gefüllt wird.
Eine typisch badisch-elsässische Köstlichkeit ist der Zwiebelkuchen. Auf der Insel Reichenau sollte man die verschiedenen Salate und Gemüsearten probieren.

Planung einer Radtour

Wenn Sie Eintagestouren machen, dann werden diese kaum einer größeren Planung bedürfen. Für mehrere Reisetage sollten Sie sich überlegen, ob Sie jeden Tag in einem anderen Ort übernachten oder von einer zentralen Stelle aus mehrere Touren unternehmen wollen, was mit Hilfe der Eisenbahn und den Bodenseeschiffen leicht und recht billig möglich ist. Damit entkommen Sie auch der täglichen Zimmersuche. So sind etwa Friedrichshafen, Lindau, Bregenz, Romanshorn und Konstanz ideal für eintägige Radausflüge.

Radfahren mit Kindern

Alle Touren, deren konditionelle Anforderung als leicht bewertet wurde, können mit Kindern problemlos unternommen werden. Wichtig ist allerdings, daß Ihr Sprößling ein gutes Fahrrad mit mehreren Gängen benutzt. Nur so wird der Radurlaub auch Spaß machen. Fahren Sie langsam und machen Sie häufig Halt, denn Kinder können sich nicht stundenlang auf das Fahren konzentrieren. Scheuen Sie sich nicht, eine Tour mit dem Zug oder Schiff abzukürzen. Denken Sie daran, daß hungrige und durstige Kinder kaum auszuhalten sind. Kleinkinder können in geeigneten Sitzen mittransportiert werden, beachten Sie aber, daß diese Kinder dabei kaum Bewegung haben und deshalb in der kühleren Jahreszeit wärmere Kleidung benötigen als der Radler selbst.

Radreiseveranstalter

Unter den zahlreichen Radreiseveranstaltern habe ich drei herausgepickt, dort können Sie Infos bzw. Prospektmaterial anfordern:

Sunny Rad
Loacker Tours
A-6842 Koblach
Tel. 05523/20090

Aktiv-Reisen Velotours
Mainaustraße 34
D-78464 Konstanz
Tel. 07531/98280

Eurotrek
Malzstraße 17–21
CH-8036 Zürich
Tel. 01/4620203
Fax 01/4629392

Radwege

Während direkt im Bodenseebereich die Radwege sehr gut ausgeschildert sind, muß man sich im Hinterland auf Orts- oder Wanderschilder verlassen.

Neben dem äußerst beliebten Bodenseerundradweg gibt es überörtliche, beschilderte Radwege, die vom Bodensee wegführen: Der Radwanderweg Donau–Bodensee (kleine blaue Radtafeln) besitzt mehrere Varianten (Hauptroute etwa 160 km).

In Vorarlberg können Sie von Bregenz über Feldkirch bis zum Rätikon bei Bludenz auf Radwegen fahren; zurück mit dem Regionalzug.

Mit dem Zug kann man zum Oberalppaß in der Schweiz fahren, wo der Vorderrhein entspringt. Dann geht's entlang des Rheins zurück zum Bodensee.

Reisezeit

Eigentlich kann am Bodensee zu jeder Jahreszeit geradelt werden, denn der See als Wärmespeicher sorgt für ein mildes Klima. Besonders das Frühjahr (blühendes Meer von Obstbäumen) und der Herbst (bunte Wälder, Weinernte und interessante Nebelstimmungen) bieten interessante Eindrücke, zudem haben Sie dann den See und die Radwege beinahe für sich alleine. Allerdings ist zu dieser Zeit die Schiffahrt eingeschränkt oder überhaupt nicht in Betrieb. Im Sommer ist Hochsaison, und wer es sich einrichten kann, sollte diesem Termin ausweichen.

Mit Niederschlägen muß der Reisende immer rechnen, im Sommer besonders mit Gewittern. Etwas regensicherer ist der Westen des Bodensees, während sich im Osten die Wolken an den Alpen stauen und abregnen. Doch für Radler gilt dieselbe Regel, wie für Wanderer: Es gibt kein schlechtes Wetter, sondern nur unzureichende Kleidung. Übrigens kann eine Fahrt im Regen sehr romantisch sein, besonders wenn man weiß, daß am Ende der Fahrt nicht ein Zelt, sondern ein trockenes und warmes Zimmer wartet.

Schiff und Fahrrad

Im Sommer herrscht auf dem Bodensee Hochbetrieb. Ihr Fahrrad können Sie auf den Schiffen an besonders dafür vorgesehenen Plätzen verladen. Nur auf dem Untersee und dem Hochrhein kann es zu Problemen kommen, wenn sehr viele Leute unterwegs sind, denn diese Schiffe sind kleiner. Dann entscheidet der Kapitän darüber, ob Sie ihr Rad mitführen dürfen oder nicht. Bedenken Sie, daß nicht das ganze Jahr über die Schiffe auf dem Bodensee kreuzen.

Die »Weiße Flotte« ist sehr familienfreundlich: Haben Sie ihre Kinder dabei und sind diese nicht älter als 16 Jahre, dann fahren die Sprößlinge samt ihren Rädern kostenlos.

Wollen Sie einmal mit dem Nostalgie-Dampfer *Hohentwiel* fahren, fragen Sie am besten bei den Verkehrsämtern nach, denn die Abfahrtszeiten sind sehr unregelmäßig, und nicht alle Fahrten sind für jedermann zugänglich.

DB-Schiffahrtsbetriebe
Hafenstraße 6
D-78462 Konstanz
Tel. 07531/281398
Fax 07531/281373

ÖBB-Schiffahrtsbetriebe
Seestraße 4
A-6900 Bregenz
Tel. 05574/42868
Fax 05574/6755520

SBB-Schiffahrtsbetriebe
Postfach 77
CH-8590 Romanshorn
Tel. 071/4633435
Fax 071/4633436

Schweizerische Schiffahrtsgesell-
schaft Untersee und Rhein
Freier Platz 7
CH-8202 Schaffhausen
Tel. 052/6254282
Fax 052/6255993

Sport

Wer während seines sportlichen
Radurlaubs noch mehr Leibeser-
tüchtigung benötigt, kommt am
Bodensee auf seine Rechnung –
das Angebot ist wirklich vielfältig.
Folgende Sportarten können aus-
geübt werden: Reiten, Segeln (Teil-
nahme an kleinen Segeltörns,
Miete von Segelbooten, Segelkur-
se), Tauchen, Surfen, Wasserski-
fahren, Schwimmen, Wandern,
Angeln, Tennis, Minigolf, Ballon-
fahren.

Telefon

Damit Sie immer und überall tele-
fonieren können, ist es ratsam,
neben Kleingeld auch eine Telefon-
karte dabeizuhaben.

Vorwahl:
nach Österreich – 0043,
nach Deutschland – 0049,
in die Schweiz – 0041.
Bitte achten Sie darauf, daß nach
der Landes-Vorwahlnummer die
Null der jeweiligen Ortskennzahl
entfällt.

Unterkünfte

In der Hochsaison (Juli/August) ist
es beinahe unmöglich, kurzfristig
für einen Tag ein Zimmer zu
bekommen. Wer nicht den täglichen Streß der Zimmersuche auf
sich nehmen will, sollte die Reise-
route so planen, daß er länger an
einem Ort verweilen kann; von
dort aus können dann Ausflugsfahrten unternommen werden. Auf
jeden Fall tut man gut daran, das
Zimmer im voraus zu buchen. Bei
der Quartiersuche sind Ihnen die
lokalen Verkehrsämter behilflich;
fordern Sie ein Unterkunftsver-
zeichnis an. Fragen Sie auch nach
besonders radlerfreundlichen
Unterkünften (z.B.: Unterstellmög-
lichkeiten oder Radlerfrühstück).

Camping: Obwohl es über 60 Zeltplätze am Bodensee gibt, sind die
meisten in der Hochsaison überbe-
legt, und Personen, die nur für einen
Tag bleiben, werden oft auf Reserve-
plätze verwiesen. Am besten erkun-
digt man sich vorher per Anruf.
Nicht alle Zeltplätze nehmen Platzre-
servierungen entgegen. Angenehmer ist es außerhalb der Ferienzeit.
Beinahe alle Campingplätze haben
eine Mittagspause, in der es keine
Möglichkeit gibt, sich anzumelden.
Viele haben Zugang zum Ufer mit
herrlichen Bademöglichkeiten.

Zoll

Für die Rundreise am Bodensee
genügt ein Personalausweis oder
der Reisepaß. Radler können
jedoch meist ohne viel Aufhebens
und Kontrolle die Grenze passieren. Da Deutschland und Österreich zur Europäischen Union
gehören, gibt es zwischen diesen
Staaten eigentlich keine Grenzkon-
trollen. Radreisen auf Radwegen,
die die »grüne Grenze« passieren,
dürfen nur am Tage unternommen
werden, mit Ausweis und ohne zu
verzollende Waren.

Die Touren

Tour 1: Leiblachtal und Pfänderstock

Charakter: *Zu Beginn führt uns die Strecke am stark frequentierten Bodenseeufer entlang, dann leicht ansteigend durch einsame Dörfer ins Leiblachtal hinein. Von Hohenweiler bis nahe Möggers muß kräftig in die Pedale getreten werden, danach darf man unter leichtem Auf und Ab am Pfänderrücken entlanggradeln. Nur kurz vor dem Pfänder gibt's einen weiteren steilen Anstieg. Lohn für die Mühen: ein herrlicher Panoramablick über den Bodensee, die Stadt Bregenz und die nahe Alpenwelt, zum Schluß auch noch einen rassigen 5-km-Downhill. Obwohl die Beschilderung der Route, die größtenteils über geteerte Wege führt, zwischen Hörbranz und Hohenweiler noch lückenhaft ist, dürften keine Orientierungsprobleme auftreten.*

Länge: *41 km*

Fahrzeit: *5–6 Stunden (in umgekehrter Richtung etwa 3–4 Stunden)*

Ausgangspunkt: *Bregenz/Bahnhof (Parkplatz vorhanden)*

Höhe des Ausgangspunktes: *398 m*

Routenverlauf: *Bregenz Bhf.– Lochau/Hafen (4 km) – Hörbranz (4 km) – Hohenweiler (6,5 km) – Möggers (6 km) – Lutzenreute (4,3 km) – Pfänder (7 km) – Lochau (5,5) – Bregenz Bhf. (3,7 km)*

Höchster Punkt: *Pfänder mit 1062 m*

Höhenunterschied: *700 m*

Konditionelle Anforderung: *sportliche Tour, leichtere Variante möglich*

Anschlußtouren: *Tour 2; Tour 3 (mit dem Zug nach Lustenau oder mit dem Rad nach Fußach); Tour 4 (mit dem Zug nach Schwarzach)*

Karte: *Kompaß Wanderkarte (1:50.000), Bregenzerwald/Westallgäu (Nr. 2)*

Bregenz, die Landeshauptstadt Vorarlbergs, blickt auf eine 2000jährige Geschichte zurück. Es lohnt sich, diese Festspielstadt etwas genauer anzuschauen. Schieben Sie das Rad ein wenig entlang der Seepromenade, die sich zwischen Hafen und der größten schwimmenden Seebühne der Welt ausbreitet. Im Schatten

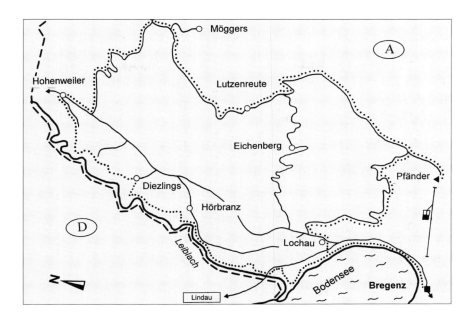

mächtiger Kastanienbäume passieren Sie bunte Blumenbeete, Palmen und einen im Wasser stehenden weißgetünchten Pavillon.

Um das alte Bregenz zu sehen, radeln Sie vom Bregenzer Bahnhof in Richtung Hafen, wo vor dem Fahnenrondell die Gleise überquert werden. Der große Glaspalast vis-à-vis zum Hafen ist das neue Kunsthaus Bregenz für zeitgenössische bildende und angewandte Kunst. Um zur Oberstadt zu gelangen, muß geradeaus der Rathausstraße gefolgt werden; bei der ersten Kreuzung lädt links das Vorarlberger Landesmuseum mit interessanten Artefakten aus verschiedenen geschichtlichen Epochen zu einem Besuch. Dort, wo nach

wenigen Metern die Hauptstraße eine scharfe Rechtskurve macht, biegen Sie links in die Maurachgasse ein. Am Ende des Weges beginnt ein steiler gepflasterter Fußweg, der zur Oberstadt hinaufführt. Durch das Martinstor erreicht man die Burgsiedlung mit der gut erhaltenen Wehrmauer. Anziehungspunkt der Oberstadt ist der Martinsturm mit der zwiebelförmigen Holzschindelkuppe, dem Wahrzeichen von Bregenz, der zwischen 1599 und 1602 erbaut wurde und damit das erste barocke Bauwerk am Bodensee ist. Im Turm, der einen phantastischen Ausblick über Bregenz erlaubt, ist heute das Vorarlberger Militärmuseum untergebracht. Der Ehre-Guta-Platz erinnert an eine

Sage über die Bettlerin Guta, die die Bregenzer vom Angriff der Appenzeller gewarnt haben soll. Der Brunnen auf dem Platz wurde zu Ehren des Minnesängers Hugo von Montfort errichtet.

Für die Weiterfahrt radeln Sie wieder zurück zum Fahnenrondell, wo nun die eigentliche Tour beginnt.

Auf dem Bodenseeradweg fahren Sie am Hafen vorbei in Richtung Lindau. Hier, bei der Bregenzer Klause, sind Radweg, Bahnlinie und Straße eng aneinandergepreßt. Der geteerte Radweg führt direkt am Ufer entlang vorbei am Lochauer Strandbad und Hafen bis zur deutschen Grenze. Wenige Meter nach dem österreichischen Grenzhäuschen, aber noch vor der Leiblachbrücke, steuern Sie den Drahtesel – gemäß Radtafel »Hörbranz« – rechts in ein kleines Sträßchen (Leiblachstraße).

Diese Straße wird schließlich links auf dem Schwabenweg verlassen; die Radtafel ist nicht gut sichtbar. Am Ende des Weges geht's wieder links weiter, dann unter der Autobahn hindurch und nach kurzer Zeit links in die Hochstegstraße hinein. Beim Zollamt dirigiert Sie die Radtafel rechts weiter bis zur Kreuzung, wo Sie der Lindauerstraße links folgen und damit in Richtung *Hörbranz* weiterstrampeln. Bevor Sie ins Zentrum von Hörbranz gelangen, weist die Radtafel »Hohenweiler« den Radler links in eine kleine Straße hinein. Der Weg führt entlang der Leiblach bis zu einem Tennisplatz, wo Sie rechts hinaufradeln müssen. Bei der Querstraße radelt man links weiter. Halten Sie sich immer in Richtung Hohenweiler, der Weg führt durch eine ruhige Gegend mit wenig Autoverkehr. Hinter der Diezlinger Straße biegen Sie links ab, radeln durch eine schattige Allee bis bei einem Bauernhof die Teerstraße aufhört und der Radler auf einem Feldweg weiterradeln kann.

Am Ende des Feldweges, beim ersten Haus (keine Hinweistafel), biegen Sie links ab, die Teerstraße führt an einigen Häusern vorbei. Beim Reisack-Weg können Sie das Rad recht flott links hinabrollen lassen, dann allerdings müssen Sie wieder kurz aber steil zu einem

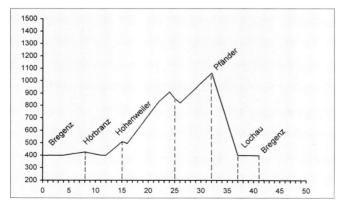

Bauernhof hinaufstrampeln, bei dem Sie sich rechts halten, vor Ihnen taucht bereits der Kirchturm von *Hohenweiler* auf.

Der Radweg führt an der Kirche vorbei zur Hauptstraße, der Sie rechts hinab bis Leuthof folgen, wo der Wegweiser den Radler auf die Bergstraße nach Möggers lenkt. Die folgenden Kilometer sind recht steil und kraftraubend, der Autoverkehr hält sich in Grenzen.

Kurz vor dem Ortsanfang von *Möggers* – den höher gelegenen Ort läßt man links liegen – müssen Sie bei der Kreuzung rechts in Richtung Eichenberg weiterradeln. Längere Zeit geht es jetzt unter leichtem Auf und Ab entlang des Pfänderstockes, dabei haben Sie immer wieder einen herrlichen Blick auf den Bodensee.

In *Lutzenreute* lockt ein Käsewanderweg, der vom Bauernhof zur Sennerei führt. Der Bergkäse kann bei den Bauern probiert und gekauft werden. Kurz vor Eichenberg zweigt links eine Teerstraße zum Pfänder ab. Nochmals gilt es ein steiles Straßenstück zu meistern, doch dann ist der 1064 Meter hohe *Pfänder* erreicht. Legen Sie eine kleine Pause ein, der Fernblick, der Alpenwildpark und die Adlerwarte mit der Greifvogelflugschau bieten eine lohnende Abwechslung zum Radfahren. Hier liegt Ihnen das Schwäbische Meer, im wahrsten Sinne des Wortes, zu Füßen und über 240 Alpengipfel bilden am Horizont eine traumhafte Silhouette.

Auskunft:
● *Bregenz Tourismus, Anton-Schneider-Straße 4a, A-6900 Bregenz. Tel. 05574/43391-0, Fax 05574/4339110.*

Anreise:
Mit dem österreichischen Regionalzug von Lindau oder St. Margrethen nach Bregenz.

Campingplätze:
● *Seecamping (am Seeradweg in Richtung Bregenzer Ache gelegen), Bodangasse 7, A-6900 Bregenz, Tel. 05574/71895, Fax 05574/71896.*
● *Camping Lamm, Mehrerauerstraße 51, A-6900 Bregenz, Tel. 05574/71701, Fax 05574/71745-4.*
● *Camping Weiß, Brachsenweg 4, A-6900 Bregenz, Tel. 05574/75771.*
● *Camping Mexico Heiler, Hechtweg 4, A-6900 Bregenz, Tel. 05574/73260.*

Jugendherberge:
- Jugendherberge Bregenz, Belruptstraße 16a, Tel. 05574/42867, Fax 05574/42867-4.

Aktivitäten vor Ort:
- Bregenz: Bootsfahrten, verschiedene Ausflugsfahrten mit den Bodenseeschiffen der Weißen Flotte, Mountainbiken und Wandern auf den Pfänder. Bademöglichkeiten im Bodensee (Strandbad beim Festspielhaus, freier Strand ab Hafen in Richtung Lindau).
- Lochau: Strandbad direkt am Radweg.
- Lutzenreute: Käsewanderweg (Infos beim Tourismusbüro Bregenz).

Veranstaltungen vor Ort:
Jährlich finden in Bregenz in den Monaten Juli/August die Bregenzer Festspiele statt.

Sehenswert:
- Bregenz: Militärmuseum im Martinsturm, Mai bis Oktober, Dienstag bis Sonntag, 9–18 Uhr; Seeanlagen mit Pavillon; Vorarlberger Landesmuseum, täglich außer Montag, 9–12 Uhr und 14–17 Uhr; Seebühne beim Festspielhaus; Kunsthaus vis-à-vis vom Hafen, Dienstag bis Sonntag, 10–18 Uhr; Oberstadt von Bregenz (Martinsturm, Ehre-Guta-Platz, Altes Rathaus); Kloster Mehrerau (Klosterkirche und Bibliotheksaal).
- Pfänder: Panoramablick; Adlerwarte mit Greifvogelflugshow, Mai bis Oktober, täglich um 11 und 14.30 Uhr, Infos unter Tel. 0663/053040; Alpenwildpark; Fahrt auf den Pfänder mit der Gondelbahn, täglich 9–19 Uhr, Fahrradtransport möglich, Tel. 05574/42160.

Alternative Radroute:
Ungeübte Radler müssen auf diese tolle Leiblach- und Pfändertour nicht verzichten: Rad und Radler lassen sich mit der Pfänderbahn hinauf transportieren. Die Strecke fährt man dann gemütlich und flott in umgekehrter Richtung.

Zusätzliche Radrouten:
Ab Bregenz gibt es über Fluh und dann über die Rodelstrecke eine offizielle Mountainbikeroute (600 Hm, 9 km); Infos bekommt man beim Fremdenverkehrsamt Bregenz.

Radverleih:
- Bregenz: ÖBB, Hauptbahnhof, Tel. 05574/44341-395. Radverleih am See, Tel. 05574/76093.

Tour 2: Von Bregenz ins Lauteracher Ried

Charakter: *Das flache Rheintal ist ideal für erholsame Velotouren. Die hier beschriebene Route schlängelt sich durch die topfebene Schwemmlandschaft des Alpenrheins, der Dornbirner und Bregenzer Ache. Vorbei geht's an Riedwiesen, Schilfgürteln, Auwäldern und offenem Wasser. Obwohl es sich um eine Tour mit viel Natur handelt, kommen Kulturhungrige mit dem sehenswerten Bregenz nicht zu kurz.*
Diese Radstrecke, die größtenteils gute, beinahe verkehrsfreie Schotterwege benutzt, ist ideal für einen Familienausflug. Obwohl die Strecke zwischen Bregenzer Ache und Jannersee nicht ausreichend beschildert ist, finden Sie mit der nachfolgenden Routenbeschreibung oder der angegebenen Karte problemlos den Weg.

Länge: *27,5 km*

Fahrzeit: *3–4 Stunden*

Ausgangspunkt: *Bregenz/Bahnhof (Parkplatz vorhanden)*

Höhe des Ausgangspunktes: *398 m*

Routenverlauf: *Bregenz Bhf. – Brücke/Bregenzer Ache (5,5 km) – Lauterach Bhf.(3 km) – Jannersee (1,5 km) – Rheinbrücke/Fußach (5,5 km) – Hard (3,5 km) – Bregenz Bhf. (8,5 km)*

Höchster Punkt: *410 m*

Höhenunterschied: *10 m*

Konditionelle Anforderung: *leichte Tour*

Anschlußtouren: *Tour 1; Tour 3 (ab Rheinbrücke bei Fußach); Tour 4 (mit dem Zug nach Schwarzach)*

Karte: *Kompaß Wanderkarte (1:50.000), Bregenzerwald/Westallgäu (Nr. 2).*

Die Radtour beginnt am Bahnhof von *Bregenz*. Durch eine Fußgängerunterführung gelangen Sie zur Seepromenade, wo der Bodenseeradweg vorbeiführt; genaues über Bregenz siehe Tour 1. Folgen Sie links dem Rad-

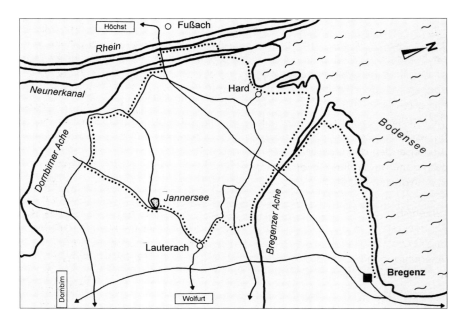

weg, der Sie am Casino vorbei zum Festspielhaus und Strandbad leitet. Beim Festspielhaus befindet sich dem See zugewandt die größte schwimmende Seebühne der Welt. Alljährlich in den Monaten Juli/ August finden sich hier berühmte Dirigenten, Sänger und Regisseure ein, um Opern oder Musicals aufzuführen. Wird die Bühne für die Festspiele gerade nicht gebraucht, erhalten auch Rockmusiker und Schlagersänger die Erlaubnis, in dieser erlauchten Umgebung ihre Konzerte zu veranstalten.

Auf den nächsten fünf Kilometern richtet man sich einfach immer nach dem Radsymbol »Hard/Seeufer«. Der ruhige Weg trägt den Pedaleur entlang der Bregenzer Bucht, vorbei an Yachthäfen, einem Campingplatz, dem Kloster Mehrerau, zahlreichen Riedflächen und naturbelassenen Uferregionen bis zum Mündungsbereich der Bregenzer Ache. In Österreich ist das gesamte Bodenseeufer, im Gegensatz zur Schweiz und zu Deutschland, nicht im Privatbesitz und jedermann zugänglich.

Auf dem Achuferweg strampeln Sie im Schatten des Auwaldes an der Bregenzer Ache bis zur B 202, wo Sie auf das andere Flußufer wechseln. Gleich nach der Brücke biegen Sie rechts ab, unterqueren die Bundesstraße und steuern ihren Stollengaul kurze Zeit entlang der Bregenzer Ache durch einen schattigen Wald bis zur Eisenbahnbrücke. Davor halten Sie sich rechts und erreichen nach wenigen Metern eine Querstraße. Vis-à-vis befindet sich der Flötzerweg, auf dem Sie nun die Tour fortsetzen (Radtafel: Lauterach). Auf den nächsten Kilometern leiten kleine, leicht zu übersehende Radtafeln die Reisenden durch ein Wohngebiet, dann an der Bahnlinie entlang zum Wasserweg, der in die Unterfeldstraße mündet. Folgen Sie dieser verkehrsberuhigten Straße links, unterqueren Sie die Bahnlinie und nach etwa 1 km ist die nächste Bahnunterführung erreicht – auf der anderen Seite befindet sich der Bahnhof von *Lauterach*. Folgen Sie rechts der Fellentorstraße (Radtafel: Lauterach/ Lustenau). 500 m weiter mündet der Weg in die Lerchenauerstraße, auf der Sie abermals rechts weiterfahren. Bei der nächsten Linkskurve geht's auf der Weingartenstraße weiter. Langsam verschwinden die Häuser und bald taucht der *Jannersee* (Jausenstation) auf, wo sich der Weg gabelt. Für die Weiterfahrt radeln Sie geradeaus und folgen vorerst den Radtafeln »Wolfurt/ Dornbirn«. Für die nächsten Kilometer führt der Radweg nun durch ein Natur-

schutzgebiet mit schöner Ried- und Wiesenlandschaft, in der Birken und knorrige Eichen stehen. Es ist ein Brutgebiet für seltene Vögel wie der Kiebitz, der Große Brachvogel oder die Uferschnepfe. Am Horizont im Osten und Süden grüßen die mächtigen Schweizer und österreichischen Berge.

Die Teerstraße findet schließlich in einem guten Kiesweg ihre Fortsetzung. Fahren Sie immer geradeaus bis zum ersten Weg, der nach rechts abzweigt (Rundweg Hard). Auf diesem Sträßchen gelangen Sie in einem weiten Rechtsbogen nach etwa 2 km zur Abzweigung nach Hard/Fußach, der Sie links folgen. Der Weg schwingt sich schließlich unter die Bahnlinie hindurch, bei der nächsten Kreuzung radeln Sie links weiter. Den Radtafeln folgend, erreichen Sie den Damm der Dornbirner Ache, auf dem die Radfahrt rechts weitergeht. Nach wenigen Metern ist die B 202 erreicht, auf der Sie links

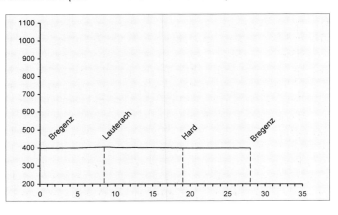

bis zur Rheinbrücke weitertreten. Vor der Brücke folgt man rechts einer Teerstraße, die am Fuße des Rheindammes zu einer Jausenstation führt. Hier befindet sich das Schleienloch, ein Treffpunkt für Hobbyfischer, die bei günstigen Verhältnissen Aale, Barsche, Zander, Hechte und verschiedene Weißfische an die Angel kriegen.

Halten Sie sich nun rechts und überqueren Sie auf einer Holzbrücke die Dornbirner Ache und folgen dann links dem wieder ausgeschilderten Radweg »Bregenz/Hard«. Schließlich erreichen Sie das Zentrum von *Hard*. Sehenswert ist das Textildruckmuseum in der Mittelweiherburg, der Weg dorthin ist allerdings nicht einfach zu finden, lassen Sie es sich im Verkehrsamt erklären.

Weiter geht's auf dem nun gut ausgeschilderten Bodenseeradweg, der den Biker vorbei an der St.-Sebastian-Kirche, dem Harder Strandbad mit seiner langen Rutsche und der Anlegestelle für den renovierten Schaufelraddampfer Hohentwiel aus dem Jahre 1913 führt. Entlang des Auwaldes der Bregenzer Ache machen Sie am Ende des Dammweges schon wieder Bekanntschaft mit der B 202. Hier überqueren Sie die Bregenzer Ache, die der zweitgrößte Wasserlieferant für den Bodensee ist. Den Weg zurück kennen Sie bereits vom Anfang dieser Tour; am Bregenzer Bahnhof ist die Rundreise beendet.

Auskunft:
● *Bregenz Tourismus, Anton-Schneider-Straße 4a, A-6900 Bregenz. Tel. 05574/43391-0, Fax 05574/4339110.*
● *Verkehrsamt Hard, Landstraße 4, A-6971 Hard, Tel. 05574/679720, Fax 05574/70536.*

Anreise:
Mit dem österreichischen Regionalzug von Lindau oder St. Margrethen nach Bregenz.

Campingplätze:
● *Seecamping (am Seeradweg in Richtung Bregenzer Ache gelegen), Bodangasse 7, A-6900 Bregenz, Tel. 05574/71895, Fax 05574/71896.*
● *Camping Lamm, Mehrerauerstraße 51, A-6900 Bregenz, Tel. 05574/71701, Fax 05574/71745-4.*
● *Camping Weiß, Brachsenweg 4, A-6900 Bregenz, Tel. 05574/75771.*
● *Camping Mexico Heiler, Hechtweg 4, A-6900 Bregenz, Tel. 05574 /73260.*

Jugendherberge:

- Bregenz: Jugendherberge Bregenz, Belruptstraße 16a,
  Tel. 05574/42867, Fax 05574/42867-4.
- Jugendherberge Hard, Allmendstraße 87,
  Tel. 05574/70536 oder 74980.

Aktivitäten vor Ort:

- Bregenz: Bootsfahrten, verschiedene Ausflugsfahrten mit den Bodenseeschiffen der »Weißen Flotte«, Mountainbiken und Wandern auf den Pfänder. Bademöglichkeiten im Bodensee (Strandbad beim Festspielhaus, freier Strand ab Hafen in Richtung Lindau). Beim Fahnenrondell werden auch Inlineskates vermietet, denn die Seeanlagen eignen sich hierfür besonders gut.
- Hard: Schönes großes Schwimmbad mit langer Rutsche.

Sehenswert:

- Bregenz: Militärmuseum im Martinsturm, Mai bis Oktober, Dienstag bis Sonntag, 9–18 Uhr; Seeanlagen mit Pavillon; Vorarlberger Landesmuseum, täglich außer Montag, 9–12 Uhr und 14–17 Uhr; Seebühne beim Festspielhaus; Oberstadt von Bregenz (Martinsturm, Ehre-Guta-Platz, Altes Rathaus); Kloster Mehrerau (Klosterkirche und Bibliotheksaal).
- Pfänder: Panoramablick; Adlerwarte mit Greifvogelflugschau, Mai bis Oktober, täglich um 11 und 14.30 Uhr, Infos unter Tel. 0663/053040; Alpenwildpark; Fahrt auf den Pfänder mit der Gondelbahn, täglich 9–19 Uhr, Fahrradtransport möglich, Tel. 05574/42160.
- Hard: Heimatmuseum Mittelweiherburg mit Schwerpunkt Formstecherei und Textildruck, Dienstag bis Donnerstag, 10–12 Uhr geöffnet.

Zusätzliche Radrouten:

Ab Bregenz gibt es über Fluh und dann über die Rodelstrecke eine offizielle Mountainbikeroute, Infos beim Fremdenverkehrsamt Bregenz.

Alternative Radroute:

1. Radler, für die die Strecke zu kurz ist, können sich bei der Fußacher Rheinbrücke in die Tour 1 einklinken (insgesamt etwa 57 km).
2. Haben Sie müde Kinder dabei, beenden Sie die Tour einfach nach 9 km am Lauteracher Bahnhof.

Radverleih:

- Bregenz: ÖBB, Hauptbahnhof, Tel. 05574/44341-395. Radverleih am See, Tel. 05574/76093.

Tour 3: Naturschutzgebiet Rheindelta

Charakter: *Mit dem Rheindelta, wohin dieser Tourenvorschlag Sie führt, besitzt Vorarlberg eines der faszinierendsten Vogelparadiese in Europa. Vorbei geht's an Riedwiesen, Schilfgürteln, Schlickflächen, Auwäldern und offenem Wasser, die Zufluchtsorte für seltene Vogel-, Schmetterlings- und Pflanzenarten sind.*
Die Tour – mit Blick aufs Schweizer Voralpengebiet – ist ausgezeichnet beschildert und weist keinerlei Steigungen auf. Die einzigen zwei Faktoren, die dem Radler die Schweißperlen auf die Stirn treiben können, sind Wind und Sonne. Die beliebte Radlstrecke führt auf größtenteils autofreien oder verkehrsarmen Wegen hinter den Deichen, die das Hinterland vor Überschwemmungen schützen.

Länge: *30 km*

Fahrzeit: *3–4 Stunden*

Ausgangspunkt: *Lustenau/Bahnhof*

Höhe des Ausgangspunktes: *404 m*

Routenverlauf: *Lustenau Bhf. – Fußach/Rheinbrücke (3,5 km) – Rohrspitz (5,5 km) – Rheinholz (9 km) – Gaißau/Grenze Rheineck (5 km) – Höchst/Grenze St. Margrethen (5 km) – Lustenau Bhf. (2 km)*

Höchster Punkt: *404 m*

Höhenunterschied: *6 m*

Konditionelle Anforderung: *leichte Tour*

Anschlußtouren: *Tour 25 (ab Rheineck); Tour 2 (ab Fußacher Rheinbrücke); Tour 4 (ab Lustenau)*

Karte: *Kompaß Wanderkarte (1:50.000), Bregenzerwald/Westallgäu (Nr. 2).*

Vom Bahnhof *Lustenau* radeln Sie geradeaus zur Kreuzung, wo sich die Rheinbrücke befindet. Lustenau, die größte Gemeinde Österreichs, ist bekannt für seine Stickereiindustrie und den schwer verständlichen Dialekt. In Lustenau wartet das »Internationale Polizeimuseum«, ein »Stickereimuseum« und die Ausstellung »Rhein-Schauen« (bei der Rheinbrücke links der Hinweistafel folgen) auf Besucher. Letztere ist besonders interessant, dabei erfahren Sie viel Wissenswertes über die Geschichte der Rheinregulierung und die heutigen Probleme damit, aber auch Flora und Fauna des Rheindeltas werden dem Besucher nähergebracht. Mit einem Schmalspurbähnle kann man sogar auf dem Damm entlang des Rheins fahren. Normalerweise transportieren die Züge Felsbrocken vom 30 Kilometer entfernten Koblacher Steinbruch ins Mündungsgebiet des Rheins, um mit

ihnen den Flußlauf nach Westen zu drücken. Ohne Baumaßnahmen würde in 200 Jahren die Bregenzer Bucht vom übrigen Bodensee abgetrennt werden, denn jährlich transportiert der Rhein drei Millionen Kubikmeter Sand und Schluff in den See und verlängert damit das Delta um 25 Meter.

Nach dieser kleinen Pause in Lustenau überqueren Sie den Rhein und rollen nun am Flußufer auf einem geteerten Radweg hinunter bis zur nächsten Brücke bei *Fußach*. Mittels Radtunnel gelangt man auf die andere Straßenseite und folgt weiters der Dammstraße. Zwei Radtafeln, die den Biker auffordert, links in Richtung Rohrspitz zu radeln, können ruhig mißachtet werden. Biegen Sie statt dessen später in die Hafenstraße ein; geradeaus würde man zum FKK-Strand und zur Rheinmündung gelangen. Den Yachthafen passierend taucht plötzlich eine Radtafel »Rohrspitz« auf, der Sie links folgen, anschließend auf dem Teichweg rechts weitertreten und dabei an einer Bootswerft vorbeikommen; das Naturschutzgebiet Rheindelta ist erreicht. 500 Meter darf nun auf dem Polderdamm, der das Hinterland

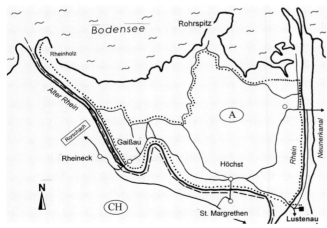

vor den Überschwemmungen des Bodensees schützt, kutschiert werden. Auf der Seeseite breitet sich ein riesiges Schilfmeer aus, so daß Sie den See nur an wenigen Stellen zu Gesicht bekommen. Dann geht's in gleicher Richtung auf einer Naturstraße weiter, die Sie nach etwa 3 km zu einem Campingplatz und Yachthafen (Restaurant) führt. Kurz darauf erreichen Sie ein Seerestaurant mit vorgelagertem schönen Badestrand. Sie sind am *Rohrspitz.*

Nun haben Sie zwei Möglichkeiten für die Weiterfahrt: Direkt auf dem Damm radelt man durch ein einsames Gebiet bis zum Alten Rhein, wo man wieder auf den hier beschriebenen Radweg stößt. Der offizielle Radweg wendet sich aber weg vom Bodensee und schlängelt sich durch Wiesen und Riedflächen landeinwärts mit Blick auf die Schweizer Berge. Zweimal läßt ein Radschild (Rorschach/Gaißau) den Radler rechts abbiegen bis schließlich beim Restaurant »Schiffle« der Alte Rhein erreicht ist.

Fahren Sie rechts weiter (hier stoßen die Dammfahrer wieder auf die Route), ein Gatter versperrt den Weg zum Rheinholz, doch Biker dürfen durch diesen romantischen Auwald bis ganz zum Rheinspitz hinaus fahren, wo der Wald ein wenig zurücktritt. Mit zwei Grillplätzen und einem nicht immer geöffneten Kiosk ist für die Verpflegung gesorgt. Machen Sie ein wenig Pause: Grasfrösche und Heuschrecken tummeln sich im morastigen Grasland und auf den Holzpfählen trocknen Kormorane ihr Gefieder. Nach einer erholsamen Rast am Rheinholz führt die Radtour wieder zurück zum Restaurant »Schiffle«. Am Ufer des Alten Rheins, der bis Gaißau schiffbar ist, gelangen Sie zum Grenzübergang *Gaißau/Rheineck.* (Hier können Schweizer Bürger diese Radtour beginnen.)

Gemäß roter Radtafeln fahren Sie geradeaus weiter, die Radler werden am Ortsrand von Gaißau entlanggeführt, vorbei an Schrebergärten und schließlich zum Grenzübergang *Höchst/St. Margrethen.* Immer weiter auf dem Damm dahinrollend, führt der Radweg schon bald zum Bruggerloch (Badesee), wo Sie wieder auf den Neuen Rhein stoßen. Auf der anderen Flußseite schließt sich mit Lustenau der Kreis dieser Tour.

Auskunft:
- *Verkehrsamt, A-6972 Fußach, Tel. 05578/75328.*
- *Verkehrsamt, A-6890 Lustenau, Tel. 05577/81810, Fax 05577/86868.*

Anreise:
Mit dem Regionalzug von Bregenz oder St. Margrethen nach Lustenau. Wer seine Reise am Bahnhof Rheineck oder St. Margrethen beginnt, gelangt mit den Schweizer Regionalzügen dorthin. Der beschriebene Radausflug führt an den Grenzübergängen Höchst/St. Margrethen und Gaißau/Rheineck vorbei.

Campingplätze:
- *Camping Rohrspitz, A-6972 Fußach, Tel. 05578/75708.*

Aktivitäten vor Ort:
Bademöglichkeiten in Höchst (Bruggerloch) und im Bodensee beim Rohrspitz.

Sehenswert:
- *Lustenau: Museum »Rhein-Schauen« (Geschichte, Fauna und Flora des Rheins), ab hier auch Bähnlefahrt entlang des Rheins möglich, Mai bis September täglich von Freitag bis Sonntag von 10–18 Uhr, Infos: Tel. 05577/82395-8, Fax 05577/87722; Über die Öffnungszeiten des Polizeimuseums und Stickereimuseums erteilt das Verkehrsamt Lustenau Auskunft.*
- *Höchst: Pfarrkirche St. Johann.*
- *Fußach: Naturlandschaft am Rohrspitz.*
- *Gaißau: Aulandschaft »Rheinholz«.*

Alternative Radrouten:
Wenn Sie nicht mit dem Zug nach Lustenau wollen, sondern von Bregenz aus per Rad das Rheindelta erreichen möchten, folgen Sie einfach beim Bregenzer Bahnhof links dem Bodenseeradweg über Hard nach Fußach, wo Sie sich in die beschriebene Strecke einklinken können.

Radverleih:
- *Höchst: Sport Total, Konsumstraße 46, Tel 05578/5494.*
- *St. Margrethen: SBB, Bahnhof, Tel 071/7441490.*
- *Bregenz: ÖBB, Hauptbahnhof, Tel. 05574/44341-395. Radverleih am See, Tel. 05574/76093.*

Tour 4: Rundkurs im mittleren Rheintal

Charakter: *Begrenzt durch Berge im Osten und dem Rhein im Westen breiten sich im flachen Rheintal die Kulturstadt Hohenems, die Gartenstadt Dornbirn und die Rheingemeinde Lustenau aus. Dazwischen gibt's große Riedflächen, Wiesen und Auwälder. Die Tour, auf der Sie nur zu Beginn mit sanften Steigungen rechnen müssen, führt am Fuße senkrechter Felswände mit romantischen Wasserfällen vorbei; die Rappenlochschlucht steht auch auf dem Besuchsprogramm. Dann geht's entlang der Dornbirner Ache in die Riedlandschaften und schließlich entlang des Neuen und Alten Rheins. Die Reise verläuft auf verschiedenen lokalen, gut ausgeschilderten Radrouten, dazwischen ist die Beschriftung teilweise lückenhaft. Auf dem größten Teil der Radwege, die nur auf kurzen Stücken naturbelassen sind, haben die Autos Fahrverbot.*

Länge: *43 km*

Fahrzeit: *5–6 Stunden*

Ausgangspunkt: *Hohenems/Bahnhof*

Höhe des Ausgangspunktes: *432 m*

Routenverlauf: *Hohenems Bhf. – Dornbirn/Karrenseilbahn (8 km) – Gütle/Rappenlochschlucht (2,5 km) Dornbirn/Zentrum (5,5 km) – Holzbrücke/Dornbirner Ache (12 km) – Lustenau/Rheinbrücke (3,5 km) – Hohenems Bhf. (11,5)*

Höchster Punkt: *506 m*

Höhenunterschied: *90 m*

Konditionelle Anforderung: *leichte Tour*

Anschlußtouren: *Tour 3 (ab Lustenau); Tour 6 (mit dem Zug nach Schwarzach)*

Karte: *Kompaß Wanderkarte (1:50.000), Bregenzerwald/Westallgäu (Nr. 2)*

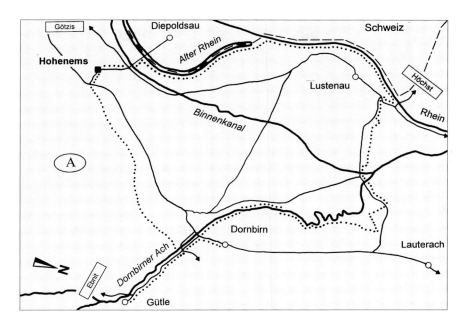

Hohenems, am Fuße des Schloß-
bergs gelegen, kann Kulturinteressier-
ten einiges bieten. Die Tour beginnt
am Bahnhof von Hohenems und führt
rechts zum Krankenhaus. In einem
Nebengebäude ist zur Zeit das einzige Rettungsmuseum Österreichs untergebracht: Die Besucher werden über
die Entstehung und Weiterentwick-
lung des Roten Kreuzes, über das
Rettungswesen der Feuerwehr, der
Berg-, Wasser-, Höhlen- und Flug-
rettung informiert.
Radeln Sie nun die Bahnhofstraße
hinauf, an deren Ende das romantische Rathaus mit dem efeubewachse-
nen Turm steht. Am Fuße des Schloß-
berges erhebt sich neben der Pfarrkirche St. Karl, der berühmte Renais-

sancepalast, in dem ein Teil der
Nibelungenhandschrift gefunden
wurde. Als Erinnerung daran wurde
vor dem Palast der Nibelungenbrunnen errichtet. Wer sich für alte Müh-
len interessiert, sollte das Freilichtmu-
seum »Stoffels Säge-Mühle« in der
Sägestraße nicht versäumen (beim
Emsbach durch den Torbogen etwa
600 Meter in Richtung Ems-Reute).
Weit über das Bodenseegebiet hinaus bekannt wurde Hohenems durch
das Jüdisches Museum in der Hei-
mann-Rosenthal-Villa (Schweizerstraße). Die einzelnen Stockwerke
berichten nicht nur von den Anfän-
gen der jüdischen Gemeinde in
Hohenems, der jüdischen Religion,
vom Schulwesen und der jiddischen

Sprache, sondern informieren auch über den Antisemitismus in Vorarlberg während des Nationalsozialismus.

Falls Sie früh unterwegs sind, haben Sie vielleicht noch Zeit, hinter der Kirche einem Serpentinenwanderweg bergauf zu folgen. Sie gelangen zur Ruine Alt Ems, eine der größten Burganlagen im süddeutschen und im Bodenseeraum. Schade, daß vor 200 Jahren diese 800 Meter lange und 85 Meter breite Burg mit ihren 47 Räumen der Bevölkerung zum Abbruch freigegeben wurde. Heute kann man ihre ehemalige Größe nur noch mit viel Phantasie erahnen. Ein kleiner Weg führt von hier bis zu einem Felsvorsprung; Hohenems zeigt sich aus von der Vogelperspektive. Für die Weiterfahrt nach Dornbirn schwingen Sie sich bei der Pfarrkirche durch den Torbogen und lenken das Velo bis Dornbirn immer am Fuße der Berge entlang. Die vergnügliche Kurverei führt Sie vorbei am Friedhof und einem romantischen Weiher, in den hohe Wasserfälle stürzen. Im Ortsteil Oberklien mündet der schmale Kiesweg in eine Straße, auf der Sie rechts kurz aufwärtsstrampeln. Nach wenigen Metern Abwärtsfahren muß wieder ein längeres Stück sanft bergauf nach Unterklien gestrampelt werden. Schließlich taucht ein Steinbruch auf, den der Radweg am Zaun entlang umfährt. Danach geht's kurz rechts zum Haupteingang des Steinbruches und davor links weg. Bei der nächsten Weggabelung treten Sie auf der Forststraße geradeaus hinauf; da ein Fahrverbot angebracht ist, müßten Sie das Fahrrad die nächsten 500 Meter schieben, doch habe ich keinen Einheimischen gesehen, der sich daran hält. Der Weg mündet schnurstracks in die Haslachgasse, die den Radler hinauf nach Mühlebach lenkt. Bei der Vorfahrtsstraße halten Sie sich rechts und vor dem Dorfbrunnen links. Die Hanggasse bringt Sie direkt zur Dornbirner Ache. Vor der Brücke beginnt links ein kleiner Weg, der später direkt neben der Ache flußauf führt. Nach wenigen Metern haben Sie die Möglichkeit über eine kleine Brücke die Talstation der Karrenseilbahn zu erreichen, um

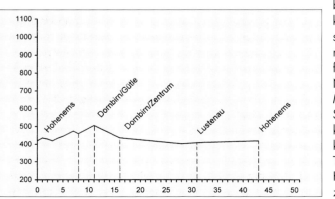

sich auf den Hausberg der Dornbirner transportieren zu lassen. Der schmale, geteerte Weg trägt den Radler aber weiter zum Freibad Enz, wo Sie auf die andere Bachseite wechseln und nun entlang einer sanft ansteigenden Straße bis ins Gütle hineinfahren.

Zu Fuß können Sie über Treppen, Stiegen und einen in den Felsen hineingehauenen Tunnel durch die imposante Rappenlochschlucht schlendern, die zu den eindrucksvollsten Naturdenkmälern der Ostalpen zählt. Das Zentrum von *Dornbirn* ist schnell erreicht. Beinahe schwerelos können die Räder bis zur Querstraße kurz nach der Karrenseilbahn hinabrollen: Geradeaus geht's weiter bis zur nächsten Brücke, wo Sie die Stadtstraße überqueren. Entlang der Marktstraße, dabei die Naturschau (Fossilien, Mineralien, Pflanzen und Tiere) passierend, gelangt der Radler direkt zum Markplatz. Protzig erhebt sich dort die klassizistische Pfarrkirche St. Martin mit ihren mächtigen Säulen. Daneben steht das Rote Haus aus dem Jahr 1639, das durch seine Blockbauweise und Ochsenblutbemalung besticht. Am Marktplatz laden Straßencafés zum Innehalten ein. Für die Weiterfahrt radeln Sie einfach denselben Weg zurück bis zur Dornbirner Ache, der Sie nun auf linker Seite für längere Zeit folgen. Nach der Bahnunterführung schleicht der Kiesweg durch einen Auwald, vorbei am Fitneßparcour, bis zu einer Fußgängerbrücke über die Dornbirner Ache; die Autos müssen eine Furt benützen. Die Straße überquerend, leitet die Radtafel »Martinsruh« den Biker über einen schattigen Dammweg zur Autobahn heran. Unter der Autobahn hindurch orientieren Sie sich nun am Schild »Wolfurt/Lauterach«. In nördlicher Richtung folgt der Radweg der Autobahn bis er auf eine Straße stößt. Davor sollten Sie links auf einem Kiesweg weiterfahren, an dessen Ende es rechts weitergeht. Bei der geteerten Querstraße halten Sie sich links, schon bald ist die alte Holzbrücke über die Dornbirner Ache erreicht. Schwingen Sie sich noch über die nächste Brücke, anschließend folgen Sie dem Schild »Höchst«. Achtung! Gleich nach der Abzweigung geht's rechts in einen Feldweg, der in einem Respektabstand der Straße folgt. Der schmale Autoweg ist für den Radler zu gefährlich.

Dort, wo der Feldweg eine große Rechtskurve macht, verlassen Sie ihn über eine Brücke – die Marktgemeinde *Lustenau* ist erreicht – und radeln bei der Autostraße rechts weiter bis zur Ampel. Kurz darauf befinden Sie sich an der Rheinbrücke. Davor führt der Radweg »Hohenems« links ins Rheinvorland hinunter.

Falls Sie in Lustenau noch das Museum »Rhein-Schauen« besuchen möchten, sollten Sie hier den entsprechenden Hinweistafeln folgen; genaueres über Lustenau siehe Tour 3. Der Weg nach Hohenems ist ausgezeichnet beschildert: Im Rheinvorland wird Lustenau umfahren, danach geht's entlang des Alten Rheins und Schrebergärten bis zum Zollamt Schmitter. Dort zuerst links dann rechts fahren, der Dammweg trägt den Radler direkt zum Zollamt Hohenems/Die-poldsau. Steuern Sie links zu einem Kreisverkehr, wo Sie geradeaus bis zum Emsbach weitertreten, davor biegen Sie rechts in ein kleines Weglein hinein. Am Emsbach führt der Weg direkt zur Bahnlinie, dort halten Sie sich rechts, der Bahnhof ist nach wenigen Metern erreicht.

Auskunft:
- *Verkehrsamt, Kirchplatz, A-6845 Hohenems, Tel. 05576/74647, Fax 05576/76800.*
- *Tourismusbüro, Rathausplatz, A-6850 Dornbirn, Tel. 05572/22188, Fax 05572/31233.*

Anfahrt:
Mit dem Regionalzug von Bregenz nach Hohenems. Schweizer Bürger können die Tour auch beim Heerbrugger Bahnhof beginnen. Von dort mit dem Rad nach Hohenems.

Campingplätze:
- *Campingplatz in der Enz, Vorderachmühlestraße 38 (in der Nähe der Talstation der Karrenseilbahn), A-6850 Dornbirn, Tel. 05572/29119.*

Aktivitäten vor Ort:
- *Hohenems: Baden im Schwimmbad Rheinauen und im Alten Rhein. Wandern auf den Schloßberg zur Ruine Alt Ems.*
- *Dornbirn: Fahrt mit der Karrenseilbahn zum Hausberg der Dornbirner; Baden im Freibad Enz (Nähe Karrenseilbahn); Wandermöglichkeiten.*
- *Lustenau: Fahrt mit der Schmalspurbahn entlang des Rheins, ab dem Museum »Rhein-Schauen«, Tel. 05577/82395-8, Fax 05577/87722.*

Veranstaltungen vor Ort:

- *Hohenems: Jährlich findet im Mai das Homunculus (Puppentheaterfestival) statt.*
- *Dornbirn: Ende August/Anfang September Dornbirner Herbstmesse.*

Sehenswert:

- *Hohenems: Jüdisches Museum, geöffnet von Mittwoch bis Sonntag, 10–17 Uhr, Tel. 05576/739890; Renaissancepalast mit Nibelungenbrunnen; Rathaus mit Turm; Pfarrkirche St. Karl mit berühmten Schnitzaltar; Ruine Alt-Ems; Rettungsmuseum, Tel. 05576/73563; Stoffels Säge-Mühle, April bis Oktober täglich von 8–22 Uhr.*
- *Dornbirn: Stadtzentrum mit Rotem Haus und Pfarrkirche St. Martin; Naturschau, Dienstag bis Sonntag, 9–12 und 14–17 Uhr; Rappenlochschlucht.*
- *Lustenau: Museum »Rhein-Schauen« (Geschichte, Fauna und Flora des Rheins); Stickereimuseum und Internationales Polizeimuseum.*

Zusätzliche Radrouten:

1. Harte Tretarbeit verlangt die Strecke von Dornbirn nach Ebnit (11 km/650 Hm). Die Teerstraße schlängelt sich durch die traumhafte Alplochschlucht. Dazu fahren Sie zur Karrenseilbahn, dort folgen Sie der Dornbirner Ache aufwärts; Schilder weisen den Weg.
2. Recht steile Mountainbiketour von Hohenems nach Schuttannen (7 km/730 Hm) auf öffentlicher Bergstraße (erste Hälfte geteert, dann Schotterweg); an Sonn- und Feiertagen wegen starkem Autoverkehr nicht empfehlenswert.

Radverleih:

- *Dornbirn: ÖBB, Bahnhof, Tel. 05572/24140.*
- *Hohenems: ÖBB, Bahnhof, Tel. 05576/72380. Sport Mathis (auch Mountainbikes), Schweizerstraße 68, Tel. 05576/72419.*

Tour 5: Naturgenuß zwischen Österreich und der Schweiz

INFOS

Charakter: *Radler, die sich an Wiesenblumen, weiten Irisfeldern und Auwäldern nicht satt sehen können, kommen auf dieser Route voll auf ihre Kosten. Tip: Pflanzenführer nicht vergessen. Mit Hohenems und Koblach kommt aber auch der Kulturbeflissene nicht zu kurz. Auf der vollkommen flachen Strecke, die hervorragend ausgeschildert ist, radelt man zuerst neben dem Neuen Rhein, dann kann man auf Schweizer Seite dem Rheintaler Binnenkanal folgen. Schlußendlich führt der Radweg entlang der alten Rheinschleife zwischen Lustenau und Hohenems. Der meist geteerte Weg wird nur in der Schweiz stellenweise durch Kiesbelag unterbrochen. Da die Tour, auf der es mehrere Bademöglichkeiten gibt, die Staatsgrenze zwischen Österreich und der Schweiz überschreitet, dürfen die Reisepässe nicht vergessen werden.*

Länge: *49 km*

Fahrzeit: *5–6 Stunden*

Ausgangspunkt: *Hohenems/Bahnhof*

Höhe des Ausgangspunktes: *432 m*

Routenverlauf: *Hohenems Bhf. – Koblach (10,5 km) – Illmündung (6,5 km) – Bangs/Grenze (5,5 km) – Montlingen (8,5 km) – Widnau (10 km) – Hohenems Bhf. (8 km)*

Höchster Punkt: *440 m*

Höhenunterschied: *30 m*

Konditionelle Anforderung: *leichte Tour*

Anschlußtouren: *Tour 4; Tour 3 (bei Lustenau über die Rheinbrücke nach Höchst); Tour 27 (von Oberriet nach Altstätten)*

Karte: *Kompaß Wanderkarte (1:50.000), Bregenzerwald/Westallgäu (Nr. 2) oder Kompaß Wanderkarte (1:50.000), Feldkirch/Vaduz (Nr. 21)*

Starten Sie die Reise beim Bahnhof *Hohenems*, wo Sie die Fußgängerunterführung benutzen, um auf die andere Seite zu gelangen; genaueres über Hohenems siehe Tour 4.
Radeln Sie nun rechts weiter – parallel zur Bahn – bis zum Emsbach, dem Sie abwärts bis zur Hauptstraße folgen. Beim Kreisverkehr geht's geradeaus Richtung Zollamt. Kurz vor der Grenze führt links eine kleine geteerte Straße weg, die am Alten Rhein und der Autobahn zum Schwimmbad Rheinauen führt. Die gesamten Strecke bis zur Illmündung ist so gut beschildert (Mäder/Koblach/Feldkirch), daß eine genaue Beschreibung entfallen kann. Zuerst geht's durch Wiesen und Felder, später auf

dem Rheindamm entlang des Neuen Rheins. Am Rand des Radweges blühen im Frühling und Sommer eine Vielzahl von Wildblumen und die Steindämme am Rhein hat die Natur teilweise zurückerobert. Da breitet sich ein farbenfroher Blumenteppich aus, der die großen Steine teilweise zudeckt. Es blühen Schafgarben, Wiesensalbei und Margeriten. Der selten gewordene Schwalbenschwanz flattert von einer Blume zur anderen, denn hier findet er noch die wilden Möhren, die die Nahrungsgrundlage für seine Raupen bilden. Dort, wo sich mitten im flachen Rheintal links der Kummenberg erhebt, taucht der Koblacher Steinbruch auf. Das hier gewonnene Material wird

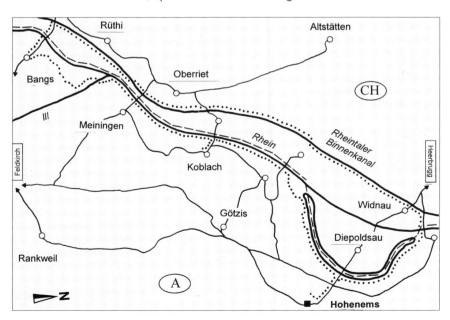

mit einer Schmalspurbahn zur Rheinmündung transportiert, um dort den Fluß durch einen künstlichen Damm nach Westen abzudrängen. Hier besteht auch die Möglichkeit ein wenig Kultur zu genießen. Dazu verlassen Sie beim Zollamt *Koblach* den Rheindamm und radeln links ins Zentrum des Dorfes, dessen Kirche weit sichtbar auf dem Berg thront.

Als der Bodensee noch bis Sargans reichte, ragte der Kummenberg als Insel aus dem See. An seinen Ufern lagerten Steinzeitmenschen, Funde aus der damaligen Zeit können im Museum für Urgeschichte, das im Gemeindeamt untergebracht ist, besichtigt werden.

Nach dieser historische Pause folgt man weiterhin dem geteerten Dammradweg, der den Biker nach der Frutzmündung ins Rheinvorland lenkt. Langsam treten die Schweizer Berge (Hoher Kasten) näher, die Illmündung ist nicht mehr weit.

Die Ill können Sie mittels Hängebrücke, die sich einige Meter flußauf befindet, überqueren. Dann radeln Sie links in den Auwald hinein, der Weg würde direkt nach Feldkirch führen. Doch nach etwa 1,5 km taucht der Wegweiser

»Bartenweg/Matschels/Bangs« auf, der den Radler rechts weiterradeln läßt. Schon nach 400 m ist eine Lichtung erreicht, wo im Frühsommer ein blaues Irisfeld das Auge erfreut. Wenige Meter holpern Sie nun über einen Feldweg, dann steht wieder eine Kiesstraße zur Verfügung. Bei der Weggabelung geht's rechts weiter, schon bald gelangen Sie wieder in den Wald und zu einer weiteren Abzweigung, wo Sie links über eine Brücke radeln. Der Weg mündet bei *Bangs* in die Hauptstraße, auf der Sie rechts zur Schweizer Grenze weiterradeln. Überqueren Sie den Rhein, die Autobahn und die Bahn, anschließend führt ein Weg rechts hinab zum Rheintaler Binnenkanal. An diesem Kanal radeln Sie nun für längere Zeit entlang. Vorbei an *Rüthi, Oberriet* und *Montlingen* kommen Sie schließlich nach *Widnau*, wo Sie bei einer Verkehrsampel die Hauptstraße queren und geradeaus bis zur zweiten Brücke weiterradeln. Dann verlas-

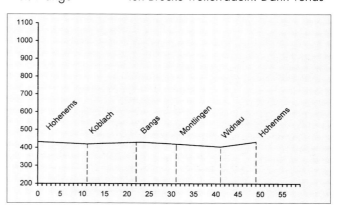

sen Sie den Kanal und folgen rechts der Rheinstraße bis zum Grenzübergang. Auf österreichischer Seite folgen Sie beim Grenzerhäuschen rechts dem Radweg, der, eingezwängt zwischen Schrebergärten und Altem Rhein, Sie schließlich zum Zollamt Schmitter führt. Jetzt heißt's kurz links, dann gleich wieder rechts auf dem Damm weiterfahren, schon bald ist das Zollamt Hohenems/Diepoldsau erreicht. Den Weg von hier zum Bahnhof kennen Sie vom Anfang der Tour: Autobahnbrücke, Kreisverkehr, entlang des Emsbaches, bei der Bahnlinie rechts bis zum Bahnhof.

Auskunft:
● *Verkehrsamt Hohenems, Kirchplatz, A-6845 Hohenems, Tel. 05576/74647, Fax 05576/76800.*

Anfahrt:
Mit dem Regionalzug von Bregenz nach Hohenems. Schweizer Bürger können die Tour auch in Oberriet oder Heerbrugg beginnen.

Aktivitäten vor Ort:
● *Hohenems: Schwimmöglichkeiten im Alten Rhein und im Freibad Rheinauen, Wandern auf den Schloßberg zur Ruine Alt Ems.*
● *Koblach: Klettergarten beim Kummenberg, Wanderung auf den Kummenberg.*
● *Montlingen: Freizeitbad mit langer Rutsche.*

Veranstaltungen vor Ort:
● *Hohenems: Jährlich findet im Mai das Homunculus (Puppentheaterfestival) statt.*

Sehenswert:
● *Hohenems: Jüdisches Museum, geöffnet von Mittwoch bis Sonntag, 10–17 Uhr, Tel. 05576/739890; Renaissancepalast mit Nibelungenbrunnen; Rathaus mit Turm; Pfarrkirche St. Karl mit berühmtem Schnitzaltar; Ruine Alt-Ems; Rettungsmuseum, Tel. 05576/73563; Stoffels Säge-Mühle, April bis Oktober täglich von 8–22 Uhr.*
● *Koblach: Museum der Urgeschichte, beim Gemeindeamt, geöffnet Montag bis Freitag während den Amtsstunden, Tel. 05523/62875.*

Einkehrmöglichkeiten:
Direkt an der Radstrecke: Hohenems (Schwimmbad Rheinauen), Gasthäuser
in Widnau. Es besteht die Möglichkeit, kurz in die Orte (etwa Koblach) hin-
einzufahren.

Alternative Radrouten:
Die Tour kann bereits an der Illmündung abgekürzt werden; dort in Richtung
Feldkirch/Bahnhof fahren (Gesamtstrecke 25 km). Dann mit dem Zug zurück
nach Hohenems.
Weitere Möglichkeiten die Tour abzukürzen: Bei Mäder, Koblach oder
Gisingen mittels Rheinbrücke den Rhein überqueren, bis zum Rheintaler Bin-
nenkanal fahren und diesem dann wie beschrieben flußab folgen.

Zusätzliche Radtour:
Recht steile Mountainbiketour von Hohenems nach Schuttannen (7 km/730
Hm) auf öffentlicher Bergstraße (erste Hälfte geteert, dann Schotterweg); an
Sonn- und Feiertagen wegen starkem Autoverkehr nicht empfehlenswert.

Radverleih:
● Hohenems: ÖBB, Bahnhof, Tel. 05576/72380. Sport Mathis (auch
   Mountainbikes), Schweizerstraße 68, Tel. 05576/72419.

Tour 6: Schnuppertour Bregenzer Wald und Rheintalpanorama

Charakter: *Bergradler aufgepaßt! Jetzt geht's so richtig zur Sache. Diese Rundreise, die auf verkehrsarmen Straßen verläuft, beinhaltet zwei Steigungsetappen. Der erste Anstieg hinauf in die Ortschaft Buch zieht sich zwar in die Länge, die Steigung ist noch erträglich. Die zweite Bergetappe von Alberschwende nach Oberbildstein verlangt jedoch gehörige Kraftanstrengung. Lohn der harten Arbeit ist die schöne Bergwelt des Bregenzerwaldes, ein Hochmoor und bei Bildstein ein traumhafter Ausblick über das Rheintal und den Bodensee. Freunde der Kirchenkunst werden bei der Wallfahrtskirche in Bildstein einen Stopp einlegen. Der geteerte Weg ist auch ohne Kartenmaterial einfach zu finden.*

Länge: *27 km.*

Fahrzeit: *4–5 Stunden.*

Ausgangspunkt: *Schwarzach.*

Höhe des Ausgangspunktes: *420 m.*

Routenverlauf: *Schwarzach Bhf. – Wolfurt (3 km) – Buch (6 km) – Alberschwende (6 km) – Farnach (3 km) – Oberbildstein (2 km) – Bildstein (3,5 km) – Schwarzach Bhf. (3,5 km).*

Höchster Punkt: *879 m.*

Höhenunterschied: *500 m.*

Konditionelle Anforderung: *sportliche Tour, leichtere Alternative möglich.*

Anschlußtour: *Tour 4 (ab Dornbirn).*

Karte: *Kompaß Wanderkarte (1:50.000), Bregenzerwald/Westallgäu (Nr. 2).*

Beim Bahnhof von *Schwarzach* schwingen Sie sich auf das Velo und radeln links auf der Bahnhofstraße bis diese in die Hauptstraße mündet. Nur kurze Zeit müssen Sie der verkehrsreichen Straße links folgen, schon bald dirigiert Sie das Schild »Wolfurt Ortsmitte« rechts auf eine gemütliche Dorfstraße. Der Weg führt nun durch das beschauliche Wolfurt

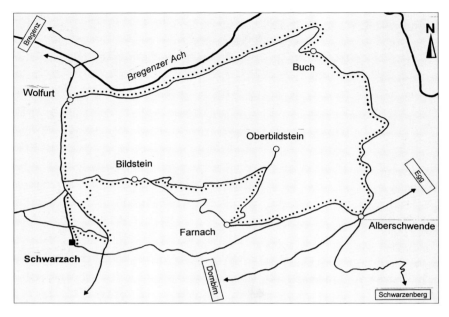

bis zur Kirche, dort geht's rechts in Richtung Buch ab. Der Weg steigt nun für die nächsten 7 km beständig, aber nicht zu steil an. Es ist schattig, so daß die Sonne nicht zusätzlich Schweiß aus den Poren treibt. Hin und wieder können Sie unten im Tal die Bregenzer Ach erblicken. Ab *Buch* wird's dann gemütlich, stellenweise geht's sogar flott abwärts. Zur Ihrer Linken dominieren die Berge des Bregenzerwaldes den Horizont und auf der anderen Seite der Bregenzer Ach erhebt sich der Pfänder. Die verkehrsarme Straße mündet schließlich bei der Kirche von *Alberschwende* in die Bundesstraße. Der Ort wird als Eingangstor in den Bregenzerwald angesehen. Am Dorf-

platz sollten Sie einen Blick auf die beinahe 100jährige Linde werfen, die ein Naturdenkmal ist. Wer noch etwas höher hinaus möchte, der kann mit dem Sessellift auf den Brüggelekopf hinauffahren. In Alberschwende befindet sich auch das älteste Heimatmuseum des Landes. Alberschwende wurde in der ganzen Welt bekannt, durch den Gründer der SOS-Kinderdörfer, Hermann Gmeiner, der hier lebte.
Machen Sie Pause und bunkern Sie Flüssigkeit und Kraftfutter zur Stärkung der Beine, denn die zweite Steigungsetappe hat es in sich. Für die Weiterfahrt halten Sie sich bei der Kreuzung vorerst rechts in Richtung Schwarzach. Für die nächsten zwei

Kilometer folgt eine erfrischende Abfahrt, dann schwenken Sie gemäß dem Wegweiser »Farnach/Bildstein« rechts in eine steile Teerstraße ein. Nach einem Kilometer Schinderei tauchen die Häuser von Farnach auf. Nun folgen Sie dem Schild

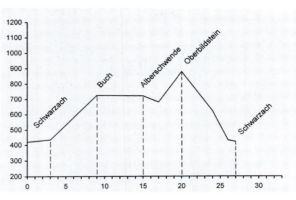

Oberbildstein, was weitere zwei Kilometer steile Anstiegsmühen bedeutet. Dann rollen Sie zu einer kleinen Kreuzung hinab, wo Sie links weiterradeln. Rechts befindet sich das Naturschutzgebiet Farnachmoos. Relativ flach rollen Sie nach Osten, doch schon nach wenigen Metern – hoffentlich haben Sie die Bremsen kontrolliert – geht's mit einem flotten Kurvenritt hinunter nach *Bildstein* zur frühbarocken Wallfahrtskirche Maria Bildstein (17. Jahrhundert). Bleiben Sie öfters stehen und genießen Sie den phantastischen Ausblick auf das

Rheintal, den nahen Bodensee und die Schweizer Berge. Nach insgesamt 4 km rauschendem Abwärtssausen erreichen Sie die Talsohle, wo eine bekannte Vorarlberger Liftfirma einen Tierpark angelegt hat.

Auf der Bundesstraße treten Sie nun links weiter bis hinein in die Ortschaft *Schwarzach*. Vor dem Postamt radeln Sie auf der Weidachstraße weiter. Schon bald befinden Sie sich auf der Staudachgasse, die in die Bahnhofstraße mündet. Nur noch wenige Meter muß nach links gefahren werden, dann ist der Bahnhof erreicht.

Auskunft:
- *Tourismusbüro, Hof 3, A-6861 Alberschwende, Tel. 05579/4233, Fax 05579/4220-9.*
- *Verkehrsamt, A-6858 Schwarzach, Tel. 05572/811512, Fax 05572/811522.*

Anfahrt:
Mit dem Regionalzug von Bregenz oder Feldkirch nach Schwarzach.

Campingplätze:

Ausweichmöglichkeit nach Dornbirn: Campingplatz in der Enz, Vorderachmüh-lestraße 38 (in der Nähe der Talstation der Karrenseilbahn), A-6850 Dornbirn, Tel. 05572/29119.

Aktivitäten vor Ort:

In Alberschwende können Sie mit dem Sessellift oder zu Fuß auf den 1182 m hohen Brüggelekopf gelangen und die schöne Aussicht genießen.

Sehenswert:

● *Alberschwende: Bregenzerwälderhäuser; 100jährige Linde; Heimatmuseum im Arzthaus, sonntags und feiertags von 10–11 Uhr oder nach Voranmeldung, Tel. 05579/4233.*
● *Bildstein: Wallfahrtskirche Maria Bildstein; wunderschöner Ausblick über das Rheintal und den Bodensee.*

Alternative Radroute:

Wer die zweite Bergetappe nach Bildstein nicht mehr machen kann oder möchte, dem bietet sich als Alternative die Fahrt nach Dornbirn an. Von der Kirche Alberschwende einfach geradeaus der Hinweistafel »Dornbirn« folgen. Auch hier haben Sie eine schöne Aussicht auf das Rheintal. Die Bergstraße mündet bei Dornbirn-Haselstauden in eine Kreuzung, radeln Sie geradeaus, der Weg führt direkt zu kleinen Bahnhaltestelle, an der nur Regionalzüge halten. Ab hier mit dem Zug nach Schwarzach. Sie können bei der Kreuzung aber auch rechts in Richtung Schwarzach radeln. (Achtung: Die Straße von Alberschwende direkt nach Schwarzach ist wegen des starken Verkehrs nicht zu empfehlen.)

Zusätzliche Radroute:

Von Alberschwende aus können Sie weiter in den Bregenzerwald vordringen. Eine sehr zu empfehlende, sportliche Strecke ist die folgende: Alberschwende (721 Hm) – Lorenapaß (1091 Hm) – Schwarzenberg (696 Hm) – Andelsbuch (640 Hm) – Lingenau (700 Hm) – Müselbach (585 Hm) – Alberschwende (721 Hm). Die Kompaß-Wanderkarte hat die Radroute mit blauen Punkten eingezeichnet. Insgesamt ungefähr 30 Kilometer.

Radverleih:

● *Dornbirn: ÖBB, Bahnhof, Tel. 05572/23291-330.*

Tour 7: Ins hügelige Allgäu – Von Lindau nach Wangen

Charakter: *Vom Bodensee zu den sanft hügeligen Ausläufern des Allgäus ist es nicht weit. Auf der gesamten Tour, die mit Ausnahme zweier kurzer Strecken, nur auf verkehrsarmen und geteerten Landstraßen angelegt wurde, kommen Sie an schmucken Bauernhäusern und einsamen Weilern vorbei. Selbst in den abgelegensten Gegenden gibt es genügend Hinweisschilder.*
Ab der Ferieninsel Lindau muß der Reisende kurz aber kräftig nach oben treten. Dann geht's während der ersten Hälfte der Tour unter leichtem Auf und Ab durch ein hügeliges Moränengebiet. Am Wendepunkt bietet Wangen, dieses mittelalterliche Kleinod, kulturelle Abwechslung. Anschließend darf sich der Radler auf eine gemütliche Rückfahrt zum Bodensee freuen.

Länge: *58 km.*

Fahrzeit: *6–7 Stunden.*

Ausgangspunkt: *Lindau/Bahnhof.*

Höhe des Ausgangspunktes: *398 m.*

Routenverlauf: *Lindau Bhf. – Oberrengersweiler (5,5 km) – Höhenreute (2,5 km) – Esseratsweiler (3 km) – Flunau (3 km) – Oberlangensee (2,5 km) – Goppertsweiler (4 km) – Wangen (10 km) – Welbrechts (4,5 km) – Untermooweiler (2,5 km) – Stockenweiler (4 km) – Hergensweiler (1,5 km) – Thumen (3,5 km) – Hangnach (3,5 km) – Lindau Bhf. (8 km)*

Höchster Punkt: *556 m.*

Höhenunterschied: *300 m.*

Konditionelle Anforderungen: *mittel.*

Anschlußtour: *Tour 8.*

Karte: *Kompaß-Wanderkarte, Bodensee Gesamtgebiet (1:75.000), Nr. 1c.*

Die Fahrt beginnt am Bahnhof von *Lindau*. Die Besichtigung der sehenswerten Altstadt und dem weithin bekannten Hafen mit dem Leuchtturm und dem bayerischen Löwen lohnt einen längeren Aufenthalt. Die Insel ist durch eine Straßenbrücke und einen Eisenbahndamm mit dem Festland verbunden.

Die Radtour von Lindau nach Wangen startet am Bahnhofsplatz, wo sich direkt nebenan der einzige Hafen Bayerns befindet. Am Ende der beiden Molen erhebt sich der 6,5 Meter große, aus Marmor gehauene Löwe und der 33 Meter hohe neue Leuchtturm, der bestiegen werden kann. Nahe der Hafenpromenade thront der alte Leuchtturm,

der im 13. Jahrhundert errichtet wurde. Schieben Sie das Rad vom Hafen aus links in die Altstadt hinein, die mit ihren prachtvollen Patrizierhäusern, der Befestigungsanlage mit Türmen und den malerischen Gassen mit ihren kleinen Geschäften eine besondere Augenweide ist. Auf keinen Fall versäumen sollte der Besucher in der Maximilianstraße das Alte Rathaus mit der abgedeckten Ratsherrentreppe und wunderbaren Bildfriesen. In derselben Straße befindet sich das barocke »Haus zum Cavazzen« (Stadtmuseum) mit seinen Walmdach und den üppig bemalten Fassaden. Wenige Meter entfernt erheben sich Stephanskirche und Stiftskirche. Verlassen Sie nun die

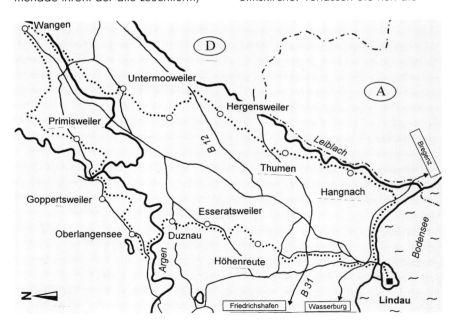

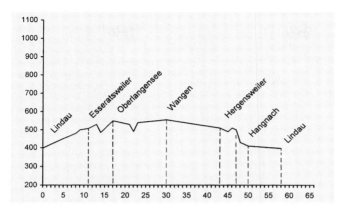

Insel über die Straßenbrücke. (Wer vom Bahnhof die Insel direkt verlassen möchte, hält sich links und folgt der Zeppelinstraße, die in eine Querstraße mündet. Radelt man rechts weiter, ist schon bald die Straßenbrücke erreicht.)

Für die Weiterfahrt geht's beim Kreisverkehr geradeaus (Langenweg), kurz danach über die Geleise und dann hinauf zur geregelten Kreuzung. Hier folgt man geradeaus der Anheggerstraße, die den Radler zu einer zweiten Kreuzung leitet, wo man weiterhin der Anheggerstraße die Treue hält. Ab nun müssen Sie auf den nächsten Kilometern immer wieder mit einigen Höhenmetern rechnen.

Schon bald folgen Sie der Oberreitnauer Straße rechts hinab und nach etwa 400 m dirigiert das Wanderschild »Aeschacher Friedhof« den Reisenden rechts weg. Flott rollen die Räder die Straße hinab, doch Vorsicht: Dort, wo die Straße eine scharfe Rechtskurve macht, müssen Sie ihren Untersatz links hinauf lenken. Der schmale Oberrengersweiler Weg, der sich durch Wiesen, Wälder und Obstplantagen schlängelt, überquert die B 31 und bringt Sie sicher zum kleinen Ort *Oberrengersweiler*. Nun folgen Sie der Hinweistafel »Höhenreute«. Der Weg wird recht steil und erfordert etwas kräftigere Tretarbeit oder eine Schiebeeinlage. Eine sanfte Abfahrt trägt Sie dann hinunter zur Vorrangstraße, die Sie überqueren und geradeaus weiterradeln. Schließlich führt die Straße über die Bahnlinie direkt nach *Höhenreute*. Radeln Sie geradeaus durch das Dorf, nach einem Steilstich und einer Rechtskurve wird die Teerstraße links verlassen. Ein Forstweg leitet Sie in den Wald »Frauenholz« hinein. Nach dem Überqueren eines kleinen Baches, halten Sie sich links. Kurz darauf radeln Sie aus dem Wald heraus und gelangen zu einer verkehrsreichen Straße, auf der Sie rechts weiterfahren und schon bald *Esseratsweiler* erreichen.

Am Ende des Ortes lenkt das Schild »Schloß Achberg« links in den Wald hinein. Auf diesem Weg gelangen Sie nach etwa 1 km zur Ortschaft *Duznau.* Dort muß rechts der Vorrangstraße gefolgt werden, kurz bevor das Dorf zu Ende ist, radeln Sie geradeaus von der Dorfstraße weg und gelangen zu einem Parkplatz. Das Teersträßchen führt Sie direkt – an einem Bauernhof vorbei – zum *Schloß Achberg,* einem dreigeschossigen Renaissancebau mit Rittersaal.

Tragen Sie dort ihr Rad die wenigen Stufen links hinab, schon bald können Sie auf einem schmalen Weg bis zur Hängebrücke, die die Argen überspannt, hinunterfahren. Auf der anderen Seite befinden sich die wenigen Häuser des Ortes *Flunau.* Hier folgen Sie der Teerstraße links, die Sie zu einer Querstraße bei Summerau führt. Wenn Sie dort rechts weiterradeln, erreichen Sie schon bald die Ortschaft *Oberlangensee,* wo Sie im Ort die Rechtskurve mitmachen.

Nun folgt bis Goppertsweiler ein Straßenstück, das den Radler unter leichtem Auf und Ab durch eine einsame Gegend lotst. Fahren Sie zuerst bis Lustensbach und danach folgen Sie der Tafel Blumenegg, ein Dorf in dem ein Gasthaus auf durstige und hungrige Radler wartet. Vor dem Dorf, im Wald, weist eine Tafel links zum Ort Goppertsweiler, der nach 1,5 km erreicht wird.

Nun muß rechts der etwas verkehrsreicheren Straße (Radbegleitweg) bis zur Argenbrücke hinunter gefolgt werden. Nach dem Überqueren der Unteren Argen folgen Sie vorerst dem Hinweisschild »Neuravensburg«. (Wenn Sie geradeausradeln kommen Sie auch nach Primisweiler, allerdings ist dies eine verkehrsreichere Straße.) Bei der ersten Kreuzung halten Sie sich links, ein ruhiges Sträßchen trägt Sie hinüber nach Primisweiler, wo Sie auf der Dorfstraße weiterradeln. Kurz vor Ende des Dorfes gelangen Sie an eine größere Kreuzung, wo Sie links abbiegen müssen. Damit befinden Sie sich wieder auf dem Radweg »R 1«, der nach der Kreuzung rechts und dann gleich links weiterführt. Auf Schleichwegen werden Sie nun nach Wangen geleitet. Die Fahrt geht durch die kleine Siedlung Rhein, an deren Ende es geradeaus weitergeht. Nun stößt auch der »Donau-Bodensee-Radweg« zu unserer Route, womit die Orientierung bis Wangen kein Problem mehr darstellt. Eine schmale Teerstraße führt durch Wiesen hinauf nach Ettensweiler, dort biegen Sie rechts ab, radeln ein wenig durch den Wald, über die Autobahn und gelangen schließlich nach Niederwangen. Die Radtafeln lenken Sie hier links in Richtung Berg, vor dieser Siedlung geht's rechts in einen autofreien Weg, der dann bei *Wangen* in die Lindauerstraße mündet. Links gelangen Sie direkt zum Martinstor, durch das man in die gepflegte Altstadt eindringen kann.

Sollten Sie mittwochs hier eintrudeln,

dann herrscht turbulente Marktstimmung. Diese ehemalige freie Reichsstadt mit mittelalterlichen Türmen und Toren, Häusern mit Wappen und historischen Malereien (Herrenstraße) und dem bekannten Marktplatz mit Rathaus und der St.-Martins-Kirche zählt zu den schönsten Altstädten Süddeutschlands. Haben Sie noch etwas Zeit, sollten Sie zumindest das Heimat- und Käsereimuseum in der Eselmühle besuchen. Hier befindet sich aber auch ein Museum, das dem romantischen Dichter Joseph von Eichendorff gewidmet ist, sowie ein Badstubenmuseum.

Falls Sie sich zulange in Wangen aufgehalten haben, radeln Sie einfach vom Martinsturm rechts auf der Bahnhofstraße zum Bahnhof; mit dem Zug geht's zurück nach Lindau.

Die Retourfahrt nach Lindau mit dem Rad ist allerdings recht gemütlich. Insgesamt müssen Sie mit wenigen sanften Steigungen rechnen, das Abwärtsrollen überwiegt bei weitem.

Auskunft:
- *Verkehrsverein, D-88103 Lindau, Tel. 08382/260030, Fax 08382/260026.*
- *Gästeamt im Rathaus, Postfach 1154, D-88239 Wangen im Allgäu, Tel. 07522/74211, Fax 07522/74111.*

Anreise:
Mit dem Zug, Schiff oder Auto nach Lindau; vis-à-vis vom Bahnhof gibt es einen großen Parkplatz.

Campingplätze:
- *Camping Lindau-Zech (in Nähe der österreichischen Grenze, am Bodenseeradweg gelegen), schöner Strand, Tel. 08382/72236.*

Jugendherbergen:
- *Jugendherberge in Lindau, Herbergsweg 11, Tel. 08382/96710.*

Aktivitäten vor Ort:
- *Lindau: Tret- und Ruderboote, Ausflugsfahrten mit der Weißen Flotte, Seebad Römerschanze (neben dem Hafen, Strandbad Eichwald am Radweg in Richtung Österreich), Aeschacher Bad (Holzbau auf Pfählen), Surfen, Segeln.*
- *Wangen: Hallenbad und beheiztes Freibad, zahlreiche Wandermöglichkeiten.*

Veranstaltungen vor Ort:
● *Wangen: Bauernmarkt am Samstag, jeden Mittwoch Wochenmarkt.*

Sehenswert:
● *Lindau: Historische Altstadt mit Patrizierhäusern, Laubengängen und Brunnen; Altes Rathaus; Diebsturm; Haus zum Cavazzen, Stadtmuseum, geöffnet Dienstag bis Samstag 10–12 und 14–17 Uhr, Sonntag 10–12 Uhr; Alter Leuchtturm (Mangturm); Neuer Leuchtturm, 140 Stiegen, geöffnet täglich 9–18 Uhr; Bayerischer Löwe.*
● *Wangen: Stadt und Rathausführungen (Prospekt »Rundgang durch die Altstadt«); Badestubenmuseum; Heimat- und Käsereimuseum; Deutsches Eichendorff-Museum (Info über die verschiedenen Öffnungszeiten beim Gästeamt); Altstadt mit dem Rathaus am Marktplatz, neun geschichtenreiche Brunnen, Herrenstraße mit Wappen und historischen Malereien geschmückte Häuser; zwei Stadttore; St.-Martins-Kirche.*

Zusätzliche Radtouren:
In Wangen gibt es 130 km markierte Radwanderwege (R 1 bis R 5), dazu ist eine Karte beim Gästeamt erhältlich.

Radverleih:
● *Lindau: Fahrrad Station, Bahnhof, Tel. 08382/21261.*
● *Wangen: Gästeamt, Tel. 07522/74211; Zweirad-Haus-Kipper, Am Waltersbühl 15, Tel. 07522/35295.*

Beim Martinstor radeln Sie links hinab und biegen bei der folgenden Linkskurve rechts in den Aumühleweg ein. Dort befindet sich die erste Radtafel mit der Bezeichnung »R 1«. Damit haben Sie nun für längere Zeit eine Orientierungshilfe. Problemlos lenken die Radschilder den Biker aus der Stadt hinaus und über Elitz,

Welbrechts, Löwenhorn und Schuppenbergs auf kleinen gemütlichen und verkehrsarmen Dorfsträßchen nach *Untermooweiler*. Folgen Sie nun der Tafel nach »Degetsweiler«, kurz davor – bei Engetsweiler – müssen Sie allerdings den R1-Radweg verlassen, doch die Beschilderung durch die Ortschaften ist recht gut. Über

Volklings und vorbei am Stockenweiler Weiher gelangen Sie zur B 12, wo Sie leicht links versetzt geradeaus weiterradeln.

In *Hergensweiler* passieren Sie gediegene Häuser und die Kirche St. Ambrosius mit einer schönen Barockausstattung. Bei der Kreuzung geht's geradeaus (Holztafel: »Leiblach Uferweg«) weiter. Schon bald dürfen die Räder für längere Zeit flott hinunter zur Leiblach rollen, die Sie nun bis beinahe zum Bodensee begleitet. Nach dem Passieren von *Hangnach* gelangen Sie bei Oberhochsteg zur Grenze, kurz davor radeln Sie rechts weiter, über die Autobahn und auf dem Gerhart-Hauptmann-Weg zum Sportheim, dort geradeaus am Sportplatz vorbei bis zur Bregenzerstraße, der Sie kurz links folgen. Dann holpern Sie rechts über die Bahnlinie und schon befinden Sie sich auf dem Bodenseeradrundweg, der Sie sicher bis zur Lindauer Insel leitet.

Tour 8: Degersee, Schleinsee und Muttelsee

INFOS

Charakter: *In den Mulden der sanft hügeligen Moränenlandschaft im Hinterland von Lindau und Kreßbronn haben sich nach der Eiszeit zahlreiche Seen gebildet; viele von ihnen sind bereits verlandet.*
Der Radausflug führt von Lindau ansteigend über verkehrsarme Autosträßchen zum Muttel-, Deger- und Schleinsee. Im Landesinneren muß der Radler mit einem ständigen Auf und Ab rechnen; die Anstiege fallen jedoch nur kurz aus. Vor Kreßbronn geht's dann aber rasant zum Bodenseeufer hinab. Bis zum Degersee weisen normale Hinweistafeln den Weg, dann kann man sich bis Kreßbronn auf die Radschilder des »Bodensee-Donau-Radweges« und am Seeufer jenen des »Bodensee-Radrundweges« verlassen. Neben den landschaftlichen Schönheiten bietet die Tour mit Wasserburg und Lindau eine Menge Kultur.

Länge: *32,5 km.*

Fahrzeit: *4–5 Stunden.*

Ausgangspunkt: *Lindau/Bahnhof.*

Höhe des Ausgangspunktes: *398 m.*

Routenverlauf: *Lindau Bhf. – Heimesreutin (4 km) – Oberreitnau (3 km) – Muttelsee (3 km) – Degersee (3,5 km) – Schleinsee (3 km) – Kreßbronn Bhf. (5 km) – Wasserburg (5,5 km) – Lindau Bhf. (5,5 km)*

Höchster Punkt: *500 m.*

Höhenunterschied: *120 m.*

Konditionelle Anforderungen: *mittel.*

Anschlußtouren: *Tour 7; Tour 9 (ab Langenargen).*

Karte: *ADAC Kartenmappe »Rund um den Bodensee« (1:50.000), Blatt 5 und 6.*

Die Insel *Lindau* ist durch eine Straßenbrücke und einen Eisenbahndamm mit dem Festland verbunden. Die Drei-Seen-Radtour startet am Bahnhofsplatz, wo sich direkt nebenan der einzige Hafen Bayerns befindet. Wollen Sie die Altstadt noch kurz besichtigen, dann finden Sie unter den Angaben zu Tour 7 genauere Informationen. Wollen Sie die Insel gleich verlassen, dann halten Sie sich beim Bahnhof links und folgen der Zeppelinstraße, die in eine Querstraße (Zwanzigerstraße) mündet. Rechts weiterradeln – schon bald ist die Straßenbrücke und damit das Festland erreicht. Für die Weiterfahrt geht's beim Kreisverkehr geradeaus (Langenweg), kurz danach über die Geleise und dann hinauf zur geregelten Kreuzung. Hier folgt man wieder geradeaus der Anheggerstraße, die den Radler zu einer weiteren Kreuzung leitet, wo man der Anheggerstraße die Treue hält. Von nun an müssen Sie auf den nächsten Kilometern immer

wieder mit einigen Höhenmetern rechnen. Schon bald führt Sie die Oberreitnauer Straße rechts hinunter, macht eine scharfe Linkskurve und lenkt Sie nun durch ein ruhiges Siedlungsgebiet. Plötzlich knickt die Oberreitnauer Straße rechts ab, folgen Sie ihr die wenigen Meter hinunter, um dann links hinein nach *Heimesreutin* zu fahren. Nach einer kleinen Brücke folgen Sie der nächsten Teerstraße links hangauf (kurz aber recht steil).

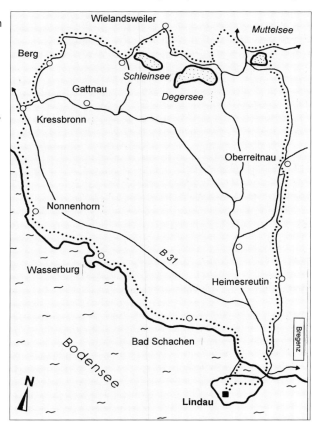

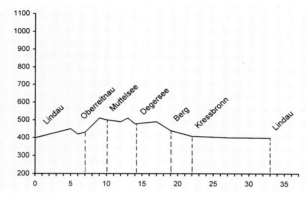

Nach wenigen Metern informiert ein Ortsschild, daß Sie bis Oberreitnau nur noch 3 km zu radeln haben. Auf ein flacheres Erholungsstück folgt nochmals eine kräftige Steigung, auf der Brücke wird die B 31 überquert und dann leitet Sie der Weg in den Wald hinein. Locker gleiten die Räder hinab – vorbei an einem Trimmpfad – und dann entlang der Bahnlinie in den Ort *Oberreitnau*. Nach der Unterquerung der Bahn radeln Sie rechts ins Dorf hinein, wo Hinweisschilder den Radler links nach Dentenweiler und Lattenweiler abbiegen lassen. Nun radeln Sie vorbei an Feldern, Obst- und Hopfenplantagen bis nach einer Kuppe der Muttelsee vor ihnen auftaucht. Bei der ersten Kreuzung halten Sie sich rechts (Tafel »Bleichnau«) bis der Weg in eine Vorrangstraße mündet. Dort geht's links nach *Götzenweiler* weiter, bei der Vorrangstraße radeln Sie rechts bis zur nächsten linken Abzweigung. Ein kleiner geteerter Weg schwingt sich

hinüber nach *Oberwolfertsweiler.* Nun ist die Orientierung recht einfach, denn bis Kreßbronn folgen Sie einfach immer den kleinen blauen Radtafel des »Bodensee-Donau-Radweges«.

In Oberwolfertsweiler biegen Sie links ab, es geht recht steil hinauf und alsbald ebenso steil zum Degersee hinunter.

Vorbei am See (Bademöglichkeit) führt die einsame Dorfstraße nach Wielandsweiler und dann zum *Schleinsee.* Anschließend leiten die Radtafeln zu den Ortschaften Nitzenweiler und Berg. Nun geht's flott hinunter nach *Kreßbronn* mit einem herrlicher Ausblick auf den Bodensee. Bei der Kirche (hier enden die Radtafeln) mündet der Weg in die Bundesstraße, der Sie links folgen. Vorbei am Bahnhof (etwas zurückversetzt) gelangen Sie zur Seestraße, der Sie rechts folgen und über die Geleise holpern. Schon bald wendet sich die Seestraße nach links in Richtung Wasserburg und Lindau. Nun befinden Sie sich auf dem gut beschrifteten Bodenseeradrundweg, dem Sie sich bis Lindau anvertrauen können. Bei der malerischen Halbinsel *Wasserburg* sollten Sie einen kurzen

Auskunft:
- Verkehrsverein, D-88103 Lindau, Tel. 08382/260030, Fax 08382/260026.
- Tourist-Information, Seestraße. 20, D-88079 Kreßbronn, Tel. 07543/96650, Fax 07543/966515.

Anreise:
Mit dem Zug, Schiff oder Auto nach Lindau. Vis-à-vis vom Bahnhof gibt es einen großen Parkplatz.

Campingplätze:
- Camping Lindau-Zech (nahe der österreichischen Grenze, am Bodenseeradweg gelegen), Tel. 08382/72236.
- Campingplatz in Wasserburg, Höhenstraße. 16, Tel. 08382/887951.
- Camping Schnell, Seestraße. 32, Nonnenhorn, Tel. 08382/8456.
- Campingplatz Iriswiese, Am Seeufer, Kreßbronn, Tel. 07543/8656.
- Campingplatz Gohren (an der Argenmündung), sehr schöner Strand, Tel. 07543/8656.

Jugendherbergen:
- Jugendherberge in Lindau, Herbergsweg 11, Tel. 08382/96710.

Aktivitäten vor Ort:
- Lindau: Tret- und Ruderboote, Ausflugsfahrten mit der »Weißen Flotte«, Seebad Römerschanze (neben dem Hafen), Strandbad Eichwald am Radweg in Richtung Österreich, Aeschacher Bad (Holzbau auf Pfählen), Segeln.
- Bademöglichkeiten am Degersee und zahlreichen Strandbädern am Bodensee. Beinahe an jedem Ort am See gibt können Tret- und Ruderboote gemietet werden.

Stopp einlegen. Die Burg und die gotische Kirche mit ihrem Zwiebelturm zählen zu den am häufigsten fotografierten Motiven am Bodensee. Der kleine, 3000 Seelen zählende Kurort darf sogar auf zwei Berühmtheiten verweisen, die hier aufgewachsen sind: der Ehrenbürger Martin Walser (lebt heute im Überlinger Stadtteil Nußdorf) und der verstorbe-

Sehenswert:

- *Lindau: Historische Altstadt mit Patrizierhäusern, Laubengängen und Brunnen, dem alten Rathaus, Diebsturm, Haus zum Cavazzen (Stadtmuseum, geöffnet Dienstag bis Samstag von 10–12 und 14–17 Uhr, Sonntag von 10–12 Uhr), Alter Leichtturm (Mangturm), Neuer Leuchtturm (140 Stiegen, geöffnet täglich von 9–18 Uhr), Bayerischer Löwe.*
- *Wasserburg: Schloß Wasserburg, Mal- und Gerichtshaus (Museum mit ständiger Ausstellung zum Thema »Fischerei in Wasserburg«), Georgskirche mit Zwiebelturm.*
- *Bad Schachen: Friedensmuseum in der Lindenhofvilla, geöffnet von April bis Oktober, Dienstag bis Samstag von 10–12 und 14.30–17 Uhr, Sonntag nur 10–12 Uhr.*

Alternative Radtour:

Die Radtour kann in Kreßbronn, Nonnenhorn oder Wasserburg mit dem Schiff abgekürzt werden.

Radverleih:

- *Lindau: Fahrrad Station, Bahnhof, Tel. 08382/21261.*
- *Kreßbronn: Bahnhof, Tel 07543/6216. Tourist-Information, Seestraße 20, Tel. 07543/96650.*

ne Wolfram Geißler, der durch seinen Roman »Der liebe Augustin« bekannt geworden ist.

Früher war die Wasserburg eine Insel, doch da die Fugger das Geld für die Renovierung der Zugbrücke nicht aufbringen wollten, wurde der Wassergraben einfach aufgeschüttet. Auf der Weiterfahrt kommen Sie bei *Bad Schachen* am Lindenhofpark vorbei, darin befindet sich die Lindenhofvilla, die seit 1980 das erste Friedensmuseum der Welt beherbergt. Die Dokumentation zeigt Menschen, die sich besonders für den Frieden eingesetzt haben: Bertha von Suttner etwa oder den Inder Mahatma Ghandi; nicht zu vergessen Rosa Luxemburg und das Naziopfer Sophie Scholl. Dazwischen findet man Kunstwerke von Picasso, Otto Dix und vielen anderen, die sich mit der Grausamkeit des Krieges auseinandergesetzt haben.

Hinter Bad Schachen sind nur noch wenige Kilometer bis zum Bahndamm zurückzulegen, auf dem Sie die Insel Lindau erreichen.

Tour 9: Entlang der Argen und rund um den Tettnanger Wald

Charakter: *Mit Ausnahme der Anstiege von Laimnau zum Iglerberg und von Wangen nach Siggenweiler, handelt es sich bei dieser Tour um einen gemütlichen Radausflug auf flachen Wegen. Besonders im Sommer wird man die Fahrt durch den schattigen Argenauwald und Tettnanger Wald zu schätzen wissen.*
Die Wege sind gut zu finden, auch wenn im Tettnanger Wald etwas Orientierungssinn nötig ist. Die Tour bietet vor allem einen Naturgenuß, mit Tettnang und Langenargen aber auch zwei sehenswerte Orte: Ersterer präsentiert ein prunkvolles Schloß und eine mittelalterliche Altstadt, letzterer das fotogene Schloß Montfort. Von der Hopfenstadt Tettnang lohnt der Ausflug zum Hopfenlehrpfades nach Siggenweiler. Die verkehrsarmen Wege sind geteert – nur die Forststraßen im Tettnanger Wald und auf dem Iglerberg haben einen Naturbelag.

Länge: *38,5 km.*

Fahrzeit: *4–6 Stunden.*

Ausgangspunkt: *Langenargen/Hafen.*

Höhe des Ausgangspunktes: *398 m.*

Routenverlauf: *Langenargen/Hafen – Gießen (8 km) – Laimnau (3,5 km) – Neuhäusle (3 km) – Tettnang (3 km) – Siggenweiler (3,5 km) – Tettnang (3,5 km) – Mariabrunn (9 km) – Eriskirch (1 km) – Langenargen/Hafen (4 km)*

Höchster Punkt: *530 m.*

Höhenunterschied: *230 m.*

Konditionelle Anforderungen: *mittel.*

Anschlußtouren: *Tour 8; Tour 10 (ab Eriskirch).*

Karte: *Kompass Wanderkarte, Bodensee Gesamtgebiet (1:75.000), Nr. 1c.*

Vom Bahnhof *Langenargen* erreichen Sie den Hafen, wenn Sie rechts entlang der Eisenbahnstraße radeln und diese bei der nächsten Abzweigung links (Oberdorfer Straße) verlassen. Nach wenigen Metern ist der Marktplatz mit der St.Martin-Kirche und dem Rathaus erreicht; das Kunstmuseum befindet sich vis-à-vis der Kirche in einem ehemaligen Pfarrhaus. Ein Schild mit der Aufschrift »Schloß Montfort« läßt den Besucher neben der Kirche durch einen Park mit Bäumen, Agaven und Bananenstauden wandern, wo sich am Ufer, das im Jahre 1866 von König Wilhelm I. von Württemberg erbaute Schloß Montfort erhebt. Die gelben und roten Ziegel, die Reliefmustern aus

Terrakotta verleihen dem Schloß ein maurisch-orientalisches Ambiente. Sie haben die Möglichkeit, den Spiegelsaal zu besichtigen, den Turm zu besteigen oder einfach von der Café-Terrasse den Blick über den See zu den Schweizer und österreichischen Bergen schweifen zu lassen. Die Reise startet beim Hafen. Radeln Sie zum Marktplatz und folgen Sie dort der Oberen Seestraße. Radtafeln des bekannten Bodenseeradweges leiten Sie dann über den Bleichweg zur Lindauer Straße, wo Sie rechts weiterfahren und vor der Argenbrücke links in einen Seitenweg einbiegen. Der Rad- und Fußweg trägt Sie zur 72 m lange »Golden Gate of Kressbronn«, der ältesten

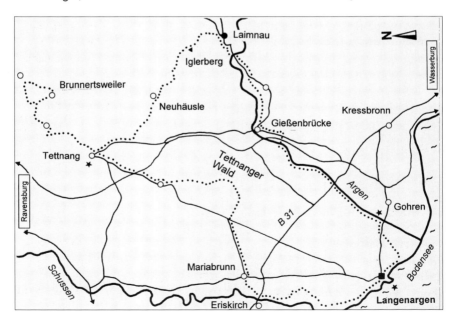

Kabelhängebrücke Deutschlands, die 1898 fertiggestellt wurde. Ihr Modell wurde sogar auf der Weltausstellung in Paris (1900) gezeigt. Für die Weiterfahrt muß das Rad vor der Brücke links in einen Kiesweg gelenkt werden. Längere Zeit geht's nun an der ruhig dahinfließenden Argen dahin, die beidseitig von einem schattigen Auwald gesäumt wird. Bei einer kleinen Brücke wechseln Sie auf die andere Uferseite. Nach 3 km schwingt sich der Weg unter der Autobrücke hindurch und anschließend gleich rechts weiter zur Straße, der Sie links bis *Gießenbrücke* folgen. Der Radweg nach Laimnau führt hier weg von der Straße und mündet bei Apflau wieder in die Dorfstraße. Noch einige Meter links weiterfahren, die Argen überqueren und schon ist *Laimnau* erreicht.

Im Ort dirigiert das Hinweisschild »Iglerberg« den Radler links bergauf. Nun folgt eine kräftige allerdings nur 1 km lange Bergtour, dann wird es wieder flach, es geht sogar etwas hinunter bis zur Weggablung, wo Sie links auf dem Kiesweg (Tettnang) weiterfahren und kurz darauf von

einem Wald aufgenommen werden. Unter leichtem Auf und Ab kurvt der Weg über den Berg. Vor Neuhäusle folgen Sie wieder dem Schild »Tettnang« nach links. Flott rollen die Untersätze hinab bis zu Oberhoferstraße, der Sie bis zur zweiten Ampelkreuzung treu bleiben. Nun lenken Sie Ihr Rad rechts weiter, die Straße führt schnurstracks ins Zentrum von *Tettnang*.

Die Hopfenmetropole Tettnang liegt auf einer Anhöhe und wird vom Neuen Schloß dominiert. Es wurde zwischen 1712 und 1760 von den Grafen von Montfort erbaut und ist heute ein Museum. Nehmen Sie sich noch etwas Zeit, um die mittelalterliche Altstadt mit dem Torschloß zu bewundern. Doch dann sollten Sie auf den Spuren des Hopfens radeln, verfügt Tettnang doch über eine der bedeutendsten Hopfenanbauflächen Deutschlands.

Der gut beschilderte Hopfenpfad mit 17 Informationsstationen lenkt den

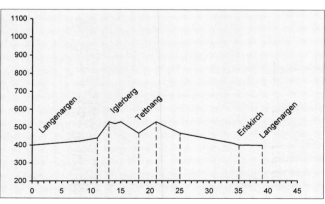

Auskunft:
- Verkehrsamt, D-88085 Langenargen, Tel. 07543/933092, Fax 07543/4696.
- Verkehrsverein, Rathaus, D-88069 Tettnang, Tel. 07542/510-0, Fax 07542/510275.

Anreise:
Mit dem Regionalzug oder Schiff von Lindau oder Friedrichshafen nach Langenargen. Autoparkplatz außerhalb des Ortes.

Campingplätze:
- Campingplatz Gohren, an der Argenmündung, Tel. 07543/8656 (schöner Bodenseestrand).
- Gutshof Ferienpark Badhütten-Laimnau, Tel. 07543/9633-0.

Aktivitäten vor Ort:
Bademöglichkeiten im Freibad von Eriskirch und Langenargen, beheiztes Freibad in Tettnang.

Sehenswert:
- Langenargen: Schloß Montfort, Dienstag bis Freitag, von 10–12 und 13–17 Uhr, samstags von 9–12 Uhr.
- Tettnang: Neues Schloß, April bis Oktober, täglich Führungen um 10.30, 14.30 und 16 Uhr; Altstadt mit dem alten Schloß (Rathaus); Torschloß und schmucken Häusern; Hopfen-, Obst- und Jagdmuseum mit Geweih-, Schmetterlings- und Muschelsammlung, samstags offen von 13–17 Uhr; Kronenbrauerei, Brauereiführung sonntags um 17 Uhr und nach Vereinbarung, Tel. 07542/7452.
- Siggenweiler: Hopfenmuseum, Mai bis Oktober, Dienstag, Mittwoch und Sonntag offen von 15–17 Uhr.
- Eriskirch: Naturschutzzentrum Eriskirch, Alter Bahnhof, Dienstag bis Freitag und Sonntag offen von 14–17 Uhr.

Alternative Radtour:

Bei der Gießenbrücke kann die Tour verkürzt und damit auch der Anstieg zum Iglerberg umgangen werden: Nach der Überquerung der Argen rechts in Richtung Tettnang, nach wenigen Metern links dem Waldweg folgen, bei der Weggabelung rechts (Markierung: blauer Balken), nach etwa einem Kilometer kommt man zu einer Kreuzung; es geht rechts entlang des Heuberg-Allgäu-Weges (roter Balken). Der Weg führt nach Norden zum Ende des Waldes bei einem Parkplatz. Dort links auf einer Forststraße weiter, schließlich hinab zur Hauptstraße, auf der man rechts weiterradelt und nach 1,5 km Tettnang erreicht.

Radverleih:

- *Langenargen: Bahnhof, Tel. 07543/2417.*
- *Tettnang: Fa. Groß, Montfortstraße 2, Tel. 07542/6881.*
- *Eriskirch: Verkehrsamt, Schussenstraße 18, Tel. 07541/970822.*

Radler von der Brauerei bis zum Hopfenmuseum in der Nähe von Siggenweiler. Im Zentrum von Tettnang ist der Hopfenpfad ausgeschildert. Vor dem Bärenplatz mit seinem Brunnen geht's rechts hinab zur Ampel, dort links auf die Bahnhofstraße, die schon bei der nächsten Abzweigung rechts (Hinweisschild) verlassen wird. Bald haben Sie eine Orientierungstafel am Beginn des Lehrpfades erreicht, die dem Besucher mehrere Routen durch das Hopfengebiet anbietet. Auf dem hier beschriebenen »Hopfenpfad« werden meist geteerte Wirtschaftswege benützt, die Sie an malerischen Bauernhöfen und Hopfengärten mit ihren schlanken Hopfenstangen vorbeileiten.

Radeln Sie bei den Orientierungstafeln geradeaus auf der schmalen Teerstraße weiter, bei der Weggabelung schwenken Sie nach links in Richtung Dieglishofen. Bei der nächsten Kreuzung lenken Sie rechts hinein zum kleinen Örtchen *Dieglishofen*, danach etwas steil hinauf nach *Brünnensweiler*. Dort halten Sie sich bei der Vorrangstraße links, nach etwa 1 km befindet sich links, etwas zurückversetzt, das Hopfenmuseum. Vom Museum können Sie dem Schotterweg geradeaus folgen, er mündet nach einer Linkskurve wieder in den Teerweg, wo es rechts auf bekannter Route in einer rassigen Abfahrt zurück nach Tettnang geht. Beeilen Sie sich dabei nicht, der herrliche

Ausblick auf die Anbauflächen und den fernen Bodensee ist einfach phantastisch. Zum Abschluß kann man in Tettnang bei der Kronenbrauerei dem Braumeister über die Schulter schauen und natürlich einen Schluck Hopfen und Malz probieren. Der Weg zurück zum Bodensee ist gemütlich und enthält keine Steigungen. Verlassen Sie Tettnang in Richtung Langenargen. Auf einem Radbegleitweg können Sie beinahe bis zum Tettnanger Ortsteil Hagenbuchen fahren, wo am Ende des Ortes bei einem Parkplatz eine Forststraße in den Tettnanger Wald hineinführt, der zu den größten geschlossenen Waldgebieten am Bodensee zählt. Damit können Sie die Autostraße umgehen; wenn Sie diese aber bevorzugen, radeln Sie einfach auf ihr weiter bis zur Abzweigung nach Mariabrunn. Durch den kühlen Tettnanger Wald holpern Sie nun geradeaus, müssen dann ein Kieswerk in einer Linkskurve umfahren, und biegen bei der nächsten Möglichkeit rechts ab. Der gerade Weg führt Sie wieder zur Teerstraße, wo sie kurz rechts und gleich links weiterradeln. Der Weg bringt Sie direkt zur Ortschaft *Mariabrunn* und mündet bei der Kirche in die Landesstraße: Radeln Sie geradeaus weiter, dort wo die Straße eine Rechtskurve macht, halten Sie sich wieder geradeaus. Ein kleiner Weg führt sie zur B 31 und schwingt sich dann durch einen schmalen Tunnel unter der Straße durch hinein ins Dorf *Eriskirch*.

Radeln Sie zur Schussen heran, auf der Holzbrücke könnten Sie zur Kirche hinüberwechseln. Die Tour geht aber linksseitig – immer den Bodenseeradtafeln folgend – entlang der Schussen weiter, später durch den Ortsteil Moos bis nach Langenargen.

Tour 10: Irisblüten, Hopfengärten und fliegende Zigarren

Charakter: *Diese ist wohl eine der einfachsten und gemütlichsten Radtouren in diesem Buch. Naturfreunde werden besonders das Naturschutzgebiet Eriskircher Ried, das sich zwischen Friedrichshafen und Eriskirch ausbreitet, bewundern. Dort fährt man an großen Schilfflächen vorbei und im Frühjahr blühen im Ried Tausende von lilablauen Sibirischen Schwertlilien. Dann radelt man in der Nähe des Ufers der Schussen durch Hopfen- und Obstgärten, um schließlich auf Schleichwegen wieder zurück nach Friedrichshafen zu gelangen, wo zwei Museen (Zeppelin- und Schulmuseum) unbedingt besucht werden sollten.*
Obwohl nur der Weg entlang des Eriskircher Riedes verkehrsfrei ist, ermöglichen die ruhigen Landstraßen mangels Autos ein angenehmes Radfahren. Im Stadtbereich von Friedrichshafen gibt es überall von der Straße getrennte Radstreifen.

Länge: *23,5 km.*

Fahrzeit: *3–4 Stunden.*

Ausgangspunkt: *Friedrichshafen/Bahnhof.*

Höhe des Ausgangspunktes: *400 m.*

Routenverlauf: *Friedrichshafen Bhf. – Eriskirch (10 km) – Lochbrücke (5,5 km) – Allmansweiler (5 km) – Friedrichshafen Bhf. (3 km)*

Höchster Punkt: *556 m.*

Höhenunterschied: *20 m.*

Konditionelle Anforderungen: *leicht.*

Anschlußtour: *Tour 9 (ab Langenargen).*

Karte: *ADAC-Kartenmappe »Rund um den Bodensee« (1:50.000), Blatt 4 und 5.*

Friedrichshafen, die Messe- und Zeppelinstadt, ist nicht nur eine der wirtschaftlich bedeutendsten Städte am Bodensee, sondern auch ein Verkehrsknotenpunkt. Hier treffen Eisenbahnlinien aus drei Richtungen zusammen, und die Fähren von Romanshorn legen hier an. Da Friedrichshafen zentral gelegen ist, ist der Ort auch ideal als Startpunkt für Radtouren.

Die Stadt, die sich heute mit einem modernen Stadtbild präsentiert, wurde gegen Ende des Zweiten Weltkrieges, weil hier viele Firmen im Dienste der nationalsozialistischen Rüstungsindustrie standen, von über 100.000 Bomben in Schutt und Asche gelegt.

Vom Bahnhof radelt man vor zur Friedrichstraße, der Sie vorerst nach rechts folgen. Schon nach wenigen Metern befindet sich auf der anderen Straßenseite das Schulmuseum, in dem der Besucher 120 Jahre Schulgeschichte studieren kann. Interessieren Sie sich dafür, wie die Schulen im Mittelalter, im Dritten Reich oder nach dem Zweiten Weltkrieg ausgesehen haben? Haben Sie schon vom Strafsitzen auf einem hölzernen Esel, vom Tragen einer Eselsmütze oder von der russischen Rechenmaschine gehört? Wenn nicht, dann können Sie im Schulmuseum Ihre Wissenslücken schließen.

Für die Weiterfahrt radeln Sie wieder auf der Friedrichstraße zurück. (Aller-

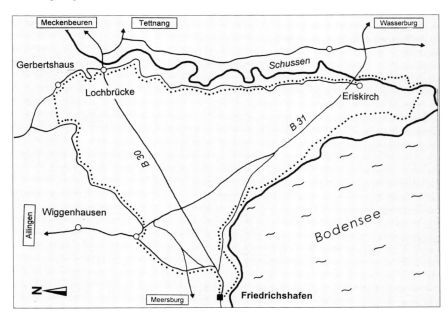

dings könnten Sie auch ihr Rad auf der Uferstraße bis zum Hafen schieben.) Bei der ersten Möglichkeit geht's rechts weg; entlang der Seeanlagen radeln Sie bis zur Fußgängerzone (Karlstraße), auf der Sie weiterfahren. Schon bald erblicken Sie rechts das Hafengelände. Dort befindet sich das neue Zeppelinmuseum, indem Sie alles über diese gigantischen »Silberzigarren« erfahren. Es handelt sich dabei um die weltgrößte Sammlung zur Geschichte der Luftschiffahrt. Eine 33 Meter lange Teilrekonstruktion der legendären Hindenburg in Originalgröße darf betreten werden. Nach dieser »technischen Pause« kann man sich nun für längere Zeit in den Sattel schwingen. Dazu radeln Sie zum Fährhafen, dort links auf der Romanshorner Straße bis zur Eckenerstraße, auf der Sie rechts weiterfahren. Schon tauchen die Hinweistafeln des Bodenseeradweges auf. Vor der Brücke geht's rechts von der Hauptstraße weg. Dann folgen Sie rechts der Seewiesenstraße bis der Weg sich gabelt. Verlassen Sie nun den Bodenseeradweg und gleiten Sie auf der Seewiesenstraße zuerst vorbei an Häusern dann

durchs einsame Naturschutzgebiet Eriskircher Ried mit Feuchtwiesen und großen Schilfflächen. Auf dem ruhigen Teerweg läßt sich's gemütlich kutschieren. Im Frühsommer blühen hier Tausende von Sibirischen Schwertlilien. Mehrmals haben Sie die Möglichkeit, ins Landesinnere abzuzweigen, mißachten Sie diese Hinweise. Schließlich radeln Sie auf einem Kiesweg, der in die Zubringerstraße zum Eriskircher Freibad mündet. Halten Sie sich rechts bis kurz vor dem Bad, dort führt ein Weg links weg (Schranke), schon bald haben Sie die Brücke über den Fluß Schussen erreicht. Auf der anderen Uferseite radeln Sie links weiter, über die Geleise und halten sich anschließend nochmals links; damit befinden Sie sich auf dem Bodenseeradweg. Dort, wo sich der Radweg an das Schussenufer schmiegt, tauchen am anderen Ufer die Häuser von *Eriskirch* auf. Hoch erhebt sich die gotische Liebfrauenkirche mit ihrem spitzen Turm. Roman-

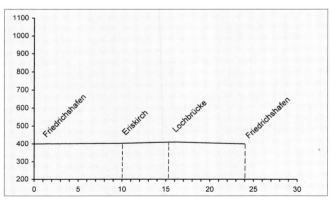

tisch spiegeln sich Boote, die gedeckte Holzbrücke und die Häuser des Dorfes im ruhigen Schussenwasser. Über die Holzbrücke _ sie wurde 1828 errichtet _ gelangt man ans andere Ufer und erreicht nach einer Rechtskurve die Bundesstraße, wo Sie geradeaus nach Tamesch (Baumgartner Straße) weiterfahren. Das verkehrsfreie Sträßchen kurvt durch Hopfengärten, Obstplantagen und vorbei an einsamen Bauernhöfen. Schließlich trudeln Sie in *Lochbrücke* ein, wo Sie die Vorrangstraße überqueren und geradeaus weiterfahren. Orientieren Sie sich nun am Schild »Aillingen«, es geht auf der Brücke über die Bahntrasse und dann direkt nach *Gerbertshaus* hinein. Am Ende des Ortes steuern Sie links durch ein

kühles Waldstück Großbuch an. Am Ende der Straße halten Sie sich abermals links und nochmals nimmt Sie für kurze Zeit ein kühler Wald auf. Vorbei am Tierheim und Obstplantagen befinden Sie sich schon bald in Allmannsweiler. Bei der nächsten T-Kreuzung halten Sie sich rechts, die Hauptstraße (Aillinger Straße) nach Friedrichshafen ist gleich erreicht. Wenn man links weiterfährt, gelangt man direkt ins Zentrum von Friedrichshafen. Nach der Bahnunterführung pedalieren Sie rechts weiter, es folgt eine weitere Unterführung, dann mündet die Eckenerstraße in die Friedrichstraße. Rechts weiter und schon nach wenigen Metern ist der Bahnhof erreicht.

Auskunft:

- *Tourist-Information, Bahnhofplatz 2, D-88045 Friedrichshafen, Tel. 07541/30010, Fax 07541/72588.*
- *Verkehrsamt, D-88097 Eriskirch, Tel. 07541/970822, Fax 07541/970877.*

Anreise:

Mit dem Schiff, der Fähre (Romanshorn), dem Zug oder dem Auto gelangt man nach Friedrichshafen.

Campingplätze:

- *Camping Dimmler, Lindauer Straße 2, Friedrichshafen, Tel. 07541/73421.*

Jugendherbergen:
- DJH »Graf Zeppelin«, Lindauer Straße 3, Friedrichshafen, Tel. 07541/72404.

Aktivitäten vor Ort:
Freibäder in Friedrichshafen und Eriskirch, direkt am Radweg gelegen. Ballonfahrten in Friedrichshafen (Info: Achim Schwörer, Tel. 07541/31280; Eugen Kloos, Tel. 07541/42333).

Veranstaltungen vor Ort:
In Friedrichshafen finden neben zahlreichen Schwerpunktmessen (z. B.: Eurobike, Outdoor, Interboot) im Monat Juli auch das »Seehasenfest« statt.

Sehenswert:
- Friedrichshafen: Schulmuseum in der Friedrichstraße 14 (November bis März von 14–17 Uhr, von April bis Oktober von 10–17 Uhr, täglich außer montags geöffnet); Zeppelin-Museum Friedrichshafen »Technik und Kunst«, im Hafenbahnhof, weltgrößte Sammlung zur Geschichte der Luftschiffahrt und bedeutende Kunstsammlung des südwestdeutschen-alpenländischen Raumes (Dienstag bis Sonntag geöffnet von 10–17 Uhr).
- Eriskirch: Im Sommer blühen Tausende von Irisblumen im Eriskircher Ried; Holzbrücke über die Schussen.

Radverleih:
- Friedrichshafen: Stadtbahnhof, Bahnhofplatz, Tel. 07541/201385. Fahrradvermietung Sterzai Bikes, Paulinenstraße 7, Tel. 07541/21271.

Tour 11: Zwischen Meersburg und Immenstaad

Charakter: *Bei dieser Tour durch die Weinberge und Obstgärten zwischen Meersburg und Immenstaad wird auf geteerten Wegen geradelt. Abwechselnd werden Wanderrouten oder der Bodenseeradweg benutzt, auf einem kurzen Stück von 100 Metern muß das Rad geschoben werden. Obwohl auf der Hälfte der Tour mit ständigem Auf und Ab gerechnet werden muß, wird dies infolge der Kürze kaum konditionelle Schwierigkeiten bereiten.*
In den Obstanbaugebieten im Hinterland von Hagnau radelt man auf dem Apfelwanderweg. Ein besonderes Erlebnis ist die Radfahrt entlang des Grates der Weinberge zwischen Meersburg und Hagnau mit einem phantastischen Ausblick auf den Bodensee. Meersburg (Altstadt mit Schloß) und Hagnau (Weinverkostung) machen einen längeren Aufenthalt lohnenswert.

Länge: *22 km.*

Fahrzeit: *3–4 Stunden.*

Ausgangspunkt: *Meersburg/Hafen.*

Höhe des Ausgangspunktes: *398 m.*

Routenverlauf: *Meersburg/Hafen – Hagnau (5 km) – Frenkenbach (2 km) – Kippenhausen (2 km) – Immenstaad (3 km) – Hagnau (4,5 km) – Meersburg/Hafen (5,5 km)*

Höchster Punkt: *450 m.*

Höhenunterschied: *150 m.*

Konditionelle Anforderungen: *mittel.*

Anschlußtour: *Tour 12 (ab Unteruhldingen).*

Karte: *Kompaß Wanderkarte, Bodensee Gesamtgebiet (1:75.000), Nr. 1c.*

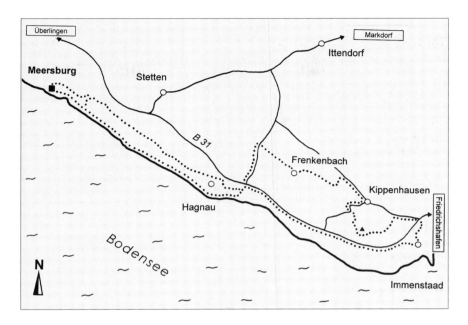

Wenn Sie zu Beginn der Radreise *Meersburg* anschauen wollen, dann lassen Sie Ihr Rad am besten am Anfang der Steiggasse oder am Hafen zurück, denn es geht recht steil in die Oberstadt hinauf. (Sie können die Räder beim Neuen Schloß auch kostenlos einschließen. Erkundigen Sie sich dazu am Eingang des Schlosses.)

Entlang der von Fachwerkhäusern gesäumten Steiggasse gelangen Sie zum Marktplatz von Meersburg. Neben jahrhundertealten Gasthäusern ragt dahinter das rote Obertor in die Höhe. Schlendern Sie einfach ein wenig durch die Gassen: Da gibt's efeubewachsene gotische Bauten mit hübschen Erkern, verwinkelte Gassen,

Tore, Brunnen und Fassadenmalereien. Neben dem Zeitungs- und Weinmuseum wartet auch das Dorniermuseum (Flugzeugmodelle) im barocken, rotgetönten Neuen Schloß auf Besucher. Das Alte Schloß gibt einen guten Einblick ins mittelalterliche Burgenleben.

Die Radtour wird am Hafen gestartet. Eingekeilt zwischen den steilen Rebhängen und dem Bodensee führt die Seestraße den Radler recht schnell in das alte Winzer- und Fischerdorf *Hagnau*. Radeln Sie bis zur Seepromenade, wo ein Fahrverbotsschild auch Radler nach links abbiegen läßt, der Weg trägt Sie unter dem Torbogen hindurch am Rathaus vorbei. Links befindet sich der Winzer-

Auskunft:

- Kur- und Verkehrsverwaltung, Kirchstraße 4, D-88709 Meersburg, Tel. 07532/431110, Fax 07532/431120.
- Tourist-Information, Seestraße 16, D-88709 Hagnau, Tel. 07532/430021, Fax 07532/430020.

Anreise:

Mit der Fähre (Konstanz), dem Schiff oder Auto nach Meersburg. Wer mit dem Zug anreist, steigt am Bahnhof Oberuhldingen aus und gelangt dann auf dem Radweg nach Meersburg oder vom Bahnhof Friedrichshafen aus nach Immenstaad.

Campingplätze:

- Hagnau: Camping Seeblick, Tel. 07532/6313. Camping Alpenblick, Tel. 07532/6267.
- Immenstaad: Camping Schloß Kirchberg, Tel. 07545/6413.

Aktivitäten vor Ort:

- Meersburg: Bootsfahrten, Wandern in den Weinbergen, Baden am Bodenseeufer oder im Strandbad.
- Hagnau: Sechs markierte Obst- und Weinwanderwege (Karte beim Verkehrsbüro); Baden am Strand; geführte Radwanderungen jeden Mittwoch (Info: Tourist-Information).

Veranstaltungen vor Ort:

Im September findet das Bodensee-Weinfest in Meersburg statt.

Sehenswert:

- Meersburg: Altes Schloß mit Burgmuseum und Wohn- und Sterbezimmer der Dichterin Annette von Droste-Hülshoff, März bis Oktober, täglich von 9–18 Uhr, November bis Februar, täglich von 10–17 Uhr; Neues Schloß, April bis Oktober, täglich von 10–13 Uhr und von 14–18 Uhr; Deutsches Zeitungsmuseum, April bis Oktober täglich von 11–17 Uhr geöffnet; Weinbau-Museum, April bis Oktober, Dienstag, Freitag und Sonntag von 14–17 Uhr.

● Hagnau: »Das kleine Museum« mit Puppenstuben, Neugartenstraße 20 (Info: Tel. 07532/9991); Winzerverein Hagnau, Kellerführungen und Weinproben.
● Kippenhausen: Puppen- und Spielzeugmuseum, Dienstag bis Sonntag von 14–18 Uhr; Heimatmuseum im Haus Montfort.

Zusätzliche Radtouren:
Blätter mit ausgearbeiteten Tourenvorschlägen in die Region sind beim Verkehrsamt Hagnau erhältlich.

Radverleih:
● Meersburg: Hermann Dreher, Am Stadtgraben 5, Tel. 07532/5176.
● Hagnau: Familie Bertsch, Neugartenstraße 11, Tel. 07532/6310.
● Immenstaad: Alfons Deutsch, Hauptstraße 35, Tel. 07545/6310.

verein, wo Weine probiert und gekauft werden können; hier gibt's auch Kellerführungen. Vor Ihnen ragt das Hagnauer Wahrzeichen, der 48 m hohe, nicht verputzte Kirchturm mit seinem abgewalmten Satteldach, empor.
Folgen Sie nun der Strandbadstraße links, nach einem großen Rechtsbogen (es handelt sich jetzt um die Dr.-Fritz-Zimmermann-Straße) und anschließender Linkskurve erreichen Sie die Bundesstraße.
Die Hauptstraße überquerend, lenkt der Wegweiser »Ittendorf« den Radler geradeaus. Die nächsten 600 m fordern vom Biker eine merkliche Steigungsetappe ab, dann erstreckt sich gewelltes Hügelland bis Immenstaad. Soweit sind Sie aber noch nicht.

Nach dem Steilstich führt die Straße an einem Fußballplatz vorbei. Bevor Sie eine Abfahrt genießen können, müssen Sie rechts in den Braiggenweg abbiegen. Nun radeln Sie entlang eines Teils des Apfelwanderweges. Die zahlreichen Hinweistafeln informieren den Interessierten aber nicht nur über Apfelsorten, sondern Sie erfahren Wissenswertes über den Birn- und Kirschbaum, die Quitte, Zwetschgen oder Walnußbaum. Zur Vervollständigung wird über zeitgemäßen und integrierten Obstbau, Schnapsbrennen und vieles mehr informiert.
Der Weg führt an Weinreben und Obstbäumen vorbei und endet schließlich in *Frenkenbach* bei der Kirche. Hier radeln Sie links weiter und folgen somit der Tafel »Immen-

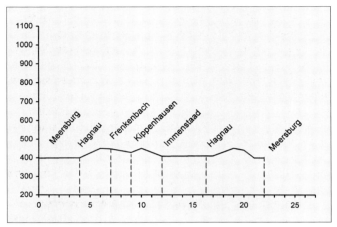

Blick auf den Bodensee genießen. Eine kurze Schußfahrt bringt Sie hinunter zum Schloß Hersberg, wo Sie davor links weiterradeln. Der Weg mündet in eine größere Straße, der Sie rechts folgen und schon bald beim ersten Kreisverkehr in *Immenstaad* eintreffen.

staad« bis nach *Kippenhausen,* wo Sie dem Puppenmuseum und im Haus Montfort dem Heimatmuseum einen Besuch abstatten können.
In Kippenhausen radeln Sie bei der Kreuzung vorerst rechts in Richtung Kirchberg. Aber schon bei der ersten Rechtskurve verlassen Sie die Straße und treten einen kleinen steilen Weg links in Richtung Hochberg hinauf. Bald können Sie einen herrlichen

Immenstaad ist bekannt für die am Dorfrand gelegene Fabrik des Flugzeugherstellers Dornier. Schon 1930 konstruierten die Dorniers ein Flugboot, das auf drei Decks 150 Passagieren Platz bot.
Halten Sie sich beim Kreisverkehr rechts, dieser Weg mündet bei der Kirche in die Meersburger Straße, der Sie rechts folgen. Dort, wo die

Straße in die Bundesstraße mündet, lenken Schilder des Bodenseeradweges den Biker nach links auf einen breiten Radbegleitweg, der in einem Respektabstand zur vielbefahrenen Straße das Schloß Kirchberg ansteuert. Anschließend geht's hangab durch Rebengärten in den Ort Hagnau hinein.

Radeln Sie nun auf der Strandbadstraße entlang, machen Sie die Rechtskurve mit und biegen Sie bei der Bäckerei links in die Hansjakobstraße ab. Dieser Straße bleibt man bis zur Kappellenstraße treu, der Sie rechts folgen und einige Meter hinauf zum Parkplatz treten. Davor geht's hinein in den Höhenweg. Zwar gibt es keine Radtafeln, doch bis Meersburg folgen Sie einfach den Wanderweghinweisen »HW 9«.

Dort, wo der breite Höhenweg aufhört, schieben Sie das Rad auf einer Stiege zum Bach hinunter und auf der anderen Seite wieder hinauf. Sobald der Kiesweg in eine Teerstraße mündet, geht's rechts weiter und dann gleich links auf dem Höhenweg, der sich nun durch Weinrebenkulturen bis nach Meersburg schwingt. Da Sie sich immer auf dem Grat des Hanges befinden, können Sie die herrliche Aussicht auf den Bodensee und das gegenüberliegende Ufer genießen.

Schließlich endet der Weg beim Töbele-Parkplatz von Meersburg. Von dort folgen Sie dem Steig hinunter zur Straße, wo Sie zwei Möglichkeiten haben: Entweder Sie folgen dem Fußweg (Stefan-Lochner-Straße) in die Oberstadt von Meersburg, oder Sie radeln die Straße hinunter zum Bodenseeufer, dann rechts zum Hafen von Meersburg.

Tour 12: Steinzeitmenschen, Affen und Kultur

INFOS

Charakter: *Die Strecke ist zwar kurz, doch ist mit den Pfahlbauten, der Klosterkirche Birnau und dem Kloster Salem eine Menge Kultur geboten, die viel Zeit in Anspruch nimmt. Kinder werden besonders vom Affenberg kaum mehr wegzubringen sein.*
Diese beliebte Radtour, die bestens ausgeschildert ist, verläuft – mit Ausnahme der Strecke zwischen Birnau und Deisendorf – immer auf geteerten und verkehrsarmen Straßen. Mit drei kräftigen aber kurzen Anstiegen wird auch der konditionsschwächere Radler nicht überfordert. Sonst darf der Reisende durch ein abwechslungsreiches hügeliges Moränengebiet treten, wo sich Wälder, Wiesen und Äcker abwechseln.

Länge: *26 km.*

Fahrzeit: *3–4 Stunden.*

Ausgangspunkt: *Uhldingen-Mühlhofen/Bahnhof.*

Höhe des Ausgangspunktes: *414 m.*

Routenverlauf: *Uhldingen/Mühlhofen Bhf. – Unteruhldingen/Pfahlbauten (3 km) – Deisendorf (6 km) – Tüfingen (2,5 km) – Baufnang (3 km) – Rickenbach (2 km) – Kloster Salem (3 km) – Affenberg/Mendlishauser Weiher (3,5 km) – Uhldingen/Mühlhofen Bhf. (3 km)*

Höchster Punkt: *530 m.*

Höhenunterschied: *150 m.*

Konditionelle Anforderungen: *mittel.*

Anschlußtouren: *Tour 13 (ab Überlingen); Tour 11 (ab Meersburg).*

Karte: *Kompaß Wanderkarte, Bodensee Gesamtgebiet (1:75.000), Nr. 1c.*

Um die Pfahlbauten in Unteruhldingen zu erreichen, radeln Sie vom Bahnhof *Uhldingen-Mühlhofen* rechts auf die Überlinger Straße. In weiterer Folge lenken Sie ihren Untersatz in die Aachstraße, die Sie zur B 31 leitet, wo ein Weg unter der Straße hindurchschwingt. Auf der anderen Seite fahren Sie entlang der Alten Uhldinger Straße und als deren Fortsetzung auf der Seefelder Straße direkt hinein nach *Unteruhldingen*. Sie kommen dabei am Pfahlbaumuseum, das sich zu einem bekannten Touristenziel am Bodensee entwickelt hat, vorbei. Über 270.000 Menschen wollen jährlich in einer 45minütigen Führung auf den Spuren der Menschen aus der Stein- und Bronzezeit wandeln. Im neuen Museumsbau befinden sich Fundstücke und das größte Süßwasseraquarium am Bodensee. Über einen Holzsteg gelangt man zum Steinzeitdorf, das malerisch am Rande des Naturschutzgebietes liegt und durch eine Wehrpalisade geschützt ist. Falls Sie das Museum

nicht besuchen wollen, sollten Sie zumindest vom Ufer des Strandbades aus einen Blick auf die im Wasser stehenden Steinzeithäuser werfen. Für die Weiterfahrt lassen Sie Ihr Rad wieder auf der Seefelder Straße aus Unteruhldingen hinausrollen. Folgen Sie nun einfach den Symbolen des Bodenseeradweges, die Sie nach Seefelden leiten. Schon bald taucht inmitten von Weinreben die rosarote

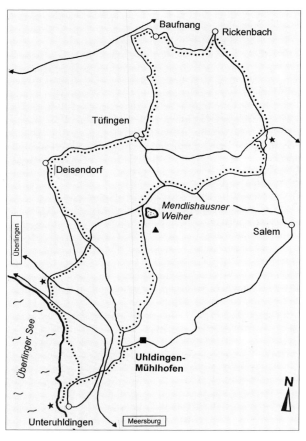

Klosterkirche von *Birnau* auf. Kurz nachdem Sie den Zeltplatz passiert haben, geht's über die Geleise und dann wenige Meter zu diesem barocken Blickfang hinauf, der heute vom Zisterzienserkloster Mehrerau in Bregenz betreut wird. Dieses Musterbeispiel barocker Schnörkel, Farbenfülle und überschwenglicher Formen wurde Mitte des 18. Jahrhunderts erbaut.

Nach dieser Kulturpause radeln Sie in Richtung Bundesstraße weiter, wo rechts ein Fußgängertunnel auf die andere Seite führt. Halten Sie sich nun in Richtung Wald, dort beginnt der Prälatenweg, der Birnau mit Salem verbindet. Diesen direkten Weg lohnt es jedoch, durch eine Schleife über kleine Dörfer und romantische Landschaft zu verlängern.

Auf dem Prälatenweg haben Sie nun zweimal die Möglichkeit links nach Deisendorf abzubiegen: Auf der ersten Forststraße links muß eine Kuppe überwunden werden. 500 Meter weiter – kurz vor einem kleinen Bach – zweigt der nächste Forstweg nach Deisendorf ab. Auf ihm erreichen Sie das Ende des Wal-

des etwas gemütlicher und können dann auf geteertem Weg in das Dorf hineinfahren.

In *Deisendorf* zweigt rechts die steile Kirchgasse (15 % Steigung) ab, auf der Sie nun hinaufkeuchen müssen. Danach kurvt der Weg unter ständigem Auf und Ab zum Ortsanfang von *Tüfingen*, mündet in eine Vorrangstraße, auf der das Rad rechts ins Dorfzentrum zu lenken ist. Die Radtafel »Baufnang« dirigiert den Radler nun links in die Baufnanger Straße. Es sind nur noch leichte Steigungen zu bewältigen. Mehrmals haben Sie einen herrlichen Ausblick auf die umliegende Landschaft. Schließlich kann man das Rad recht flott hinabrollen lassen, der Weg macht vor der erhöhten Straße eine Rechtskurve und mündet dann in einen Querweg, dem Sie rechts ins Dorf *Baufnang* folgen.

Die Tafel »Rickenbach« befolgend, erreichen Sie schon bald diesen Ort.

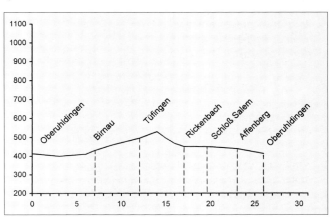

In *Rickenbach* lenken Sie das Rad rechts auf die Hauptstraße, kurz darauf kann man auf einem Radweg, der parallel zur Straße verläuft, gemütlich bis zum Schloß *Salem* weitertreten.

Im 12. Jahrhundert wurde das Kloster von den Zisterziensern gegründet. Nach der Säkularisierung bekam die gesamte Anlage der Markgraf von Baden, dem sie heute noch gehört. Im Schloß des Grafen befindet sich das markgräflich Badische Museum, das ehemalige Zisterzienserkloster, das Münster, ein Feuerwehrmuseum, ein Phantasiegarten mit zwei Irrgärten, das Küfereimuseum und der Kaisersaal. Wer bereit ist, beinahe 20 DM zu bezahlen, darf die Schönheiten der Anlage bewundern und bekommt zudem noch eine Flasche Wein.

Für die Weiterfahrt radeln Sie von Rickenbach kommend bei der Querstraße kurz rechts, dann links in eine kleinen Weg hinein, der Sie vorbei am Schloß und am Waldrand zu einer Weggabelung führt. Dort heißt es nach rechts weitertreten, nach zwei Kuppen geht's hinunter und

Sehenswert:

- *Unteruhldingen: Pfahlbaumuseum, April bis September Führungen von 8–18 Uhr, im Oktober von 9–17 Uhr, März und November nur an Wochenenden und Feiertagen von 9–17 Uhr.*
- *Birnau: Barocke Wallfahrtskirche St. Maria.*
- *Salem: Schloß Salem (Küfereimuseum, Brennereimuseum, Feuerwehrmuseum, April bis Oktober, Montag bis Samstag von 9–18 Uhr, Sonn- und Feiertage von 11–18 Uhr; Führungen durch die Klosteranlage und das Münster; Phantasiegarten, Kunsthandwerkerdorf; Schloßkellerei (Infos unter Tel. 07553/81437, Fax 07553/8519.*
- *Mendlishausen: Affenberg, 15. März bis 1. November, täglich von 9–12 und 13–18 Uhr; Storchengehege und Karpfenweiher.*

Alternative Radtour:

Die Tour kann auch in Meersburg begonnen werden. Von dort auf dem Bodenseeradrundweg nach Unteruhldingen und dann in die beschriebene Tour einklinken; das sind zusätzlich 5 km.

Radverleih:

Informationen beim Fremdenverkehrsbüro von Uhldingen-Mühlhofen.

anschließend rechts in den Wald hinein. Der kleine Teerweg spuckt Sie an einer Vorrangstraße aus, auf der Sie links weiterfahren. Nach wenigen Radumdrehungen ist der *Mendlishausener Weiher* erreicht. Im Teich schwimmen Karpfen, am Himmel ziehen zahlreiche Störche ihre Kreise und nebenan leben in einem Waldareal beinahe 300 Berberaffen.

Die letzten Kilometer der Radtour sind schnell zurückgelegt. Die Straße, die am Affenberg vorbeiführt, bringt Sie zuerst gemütlich, dann flott hinunter nach Uhldingen. Dort schwingt sich der Weg unter der Eisenbahnbrücke hindurch, dann schwenken Sie nach links und schon ist der Bahnhof Uhldingen-Mühlhofen erreicht.

Tour 13: Zwischen Überlingen und Ludwigshafen

Charakter: *Wenige Meter vom Nordufer des Überlingersees entfernt erhebt sich steil eine Hügellandschaft. Dem Radler werden zwar einige Mühen abverlangt – ein mindestens 18-Gang-Rad würde den ersten Aufstieg und die Hügeltour um einiges erleichtern –, doch dafür pedalieren Sie meist auf geteerten und einsamen Wegen durch eine abgelegene Wald- und Wiesenlandschaft. Immer wieder kann man einen Blick auf den Überlingersee erheischen, an dessen Ufer die Rückfahrt entlangführt. Nach einer berauschenden Abfahrt nach Überlingen, kann man sich die Füße in dieser sehenswerten Stadt vertreten. Schließlich rollt man gemütlich – den kurzen Anstieg in Sipplingen kann man verschmerzen – am Seeufer auf dem gut beschilderten Bodenseeradweg zurück nach Ludwigshafen.*

Länge: *31 km.*

Fahrzeit: *4–5 Stunden.*

Ausgangspunkt: *Ludwigshafen/Bahnhof.*

Höhe des Ausgangspunktes: *400 m.*

Routenverlauf: *Ludwigshafen Bhf. – Weierhof (3,5 km) – Buohof (2 km) – Haldenhof (1,5 km) – Nesselwangen (3,5 km) – Hödingen (4,5 km) – Überlingen (5 km) – Sipplingen (6,5 km) – Ludwigshafen Bhf. (4,5 km)*

Höchster Punkt: *630 m.*

Höhenunterschied: *270 m.*

Konditionelle Anforderungen: *sportlich.*

Anschlußtour: *Tour 14 (ab Ludwigshafen).*

Karte: *Kompaß Wanderkarte, Bodensee-West (1:50.000), Nr. 1a.*

Beim Bahnhof *Ludwigshafen* radelt man zuerst rechts bis zum Bahnübergang, dann wird der Sernatinger Straße nach links gefolgt. Bei der anschließenden Querstraße radeln Sie rechts weiter und an der Kirche vorbei.

Die Hinweistafel »Bonndorf« lenkt Sie rechts bergauf. Die Straße bezwingt über Serpentinen auf zwei Kilometern 100 Höhenmeter. Die Obstgärten, später der schattige Wald und der traumhafte Tiefblick auf Ludwigshafen und seine Umgebung entschädigen für den Kraftaufwand. Sobald der Wald zurücktritt, folgen Sie rechts dem Wegweiser »Weiherhof, Buohof«. Ein kleines geteertes Sträßchen führt durch Wiesen und entlang des Waldes mit leichtem Anstieg zum »Buohof«. Davor müssen Sie links einen Steilstich hinaufkeuchen oder hinaufschieben. Der Teerbelag hört im Wald auf, an der Weggabelung radelt man rechts weiter, kurz danach nimmt Sie wieder eine geteerte Straße auf, der Sie rechts folgen. Schon nach wenigen Metern taucht das Gasthaus *Haldenhof* auf. Damit hat es auf dieser Tour mit den größeren Anstrengungen ein Ende. Es lohnt sich, das Rad zurückzulassen und zum Aussichtspunkt zu gehen: Überlingersee und Bodanrück liegen zu Ihren Füßen.

Auf der Weiterfahrt dürfen Sie nun Ihr Rad auf der Teerstraße durch Wiesen und Wald hinabrollen lassen.

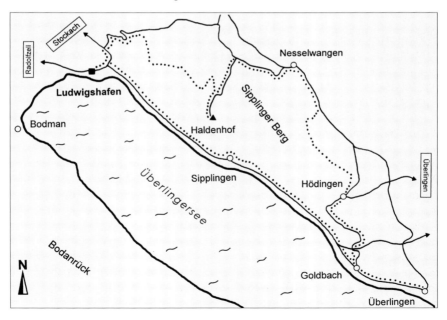

Kurz nach der Brücke über die Schnellstraße, schwenken Sie rechts in einen kleinen Teerweg hinein, der den Radler im Zickzack nach *Nesselwangen* trägt. Auf der Dorfstraße treten Sie rechts weiter, die Bundesstraße wird abermals überbrückt. Bei der nächsten Rechtskurve radeln Sie einfach geradeaus, beinahe schwerelos geht's hinunter bis ins Zentrum von *Hödingen*. Dieses Dorf mit den zahlreichen blumengeschmückten Fachwerkhäusern liegt über dem Steilufer des Bodensees. Hier gehorchen Sie nicht der Radtafel »Überlingen«, sondern lenken Ihr Velo statt dessen bei der Dorfkreuzung rechts weiter, der Weg führt Sie hinab in den Überlinger Ortsteil Goldbach. Wo die Bergstraße in die Uferstraße mündet, radeln Sie links weiter und folgen nun den Radschildern hinein nach *Überlingen*. Die ehemals Freie Reichsstadt besitzt einen mittelalterlichen Stadtkern mit verwinkelten Gassen, Stadttoren, Stadtgraben und Wehrtürmen, ein interessantes städtisches Heimatmuseum und ein Rathaus mit 500jährigem Rathaussaal. Der sechseckige Turm des spätgotischen Münsters St. Nikolaus erinnert an ein Minarett. Und wenn es Sie nach der Stadtbesichtigung nach südländischem Flair und einem Zwiebelkuchen gelüstet, lassen Sie sich einfach in einem der zahlreichen Cafés an der Seepromenade nieder. Der Zwiebelkuchen ist eine badisch-elsässische Köstlichkeit. Im Herbst sollten Sie dazu Suser, diesen leichtvergorenen, süffigen Traubensaft, trinken. Hier am Ufer können Sie vielleicht auch verstehen, weshalb Überlingen den Beinamen »Nizza am Bodensee« erhalten hat.

Die Schlußetappe zurück nach Ludwigshafen werden Sie als eine gemütliche Radelei in Erinnerung behalten. Vom Stadtzentrum rollen Sie entlang der Bahnhofstraße in Richtung Westen. Die Radtafeln des Bodenseerundweges werden Sie dann links über die Geleise auf die Goldbacher Straße und wenige Meter später links in die Obere Bahnhofstraße führen. Hier kommen Sie auch an einer Gedenkstätte für Naziopfer vorbei.

An der steilen Wand hängt ein großes Kreuz, das von Stacheldraht umschlungen ist. Eine Tafel erinnert daran, daß hier im Zweiten Weltkrieg eine Außenstelle des KZs Dachau war.

Nun fährt man an steilen Sandsteinwänden vorbei, schon bald nimmt Sie ein Radweg auf. Nach Süssenmühle (hier steht ein Trinkwasserpumpwerk am Ufer) führt die Tour hinauf zum alten Dorfkern von *Sipplingen*. Die Radtafeln beachtend kommen Sie an schönen Fachwerkhäusern vorbei. Die Häuser des Dorfes schmiegen sich an den steilen Hang des Sipplinger Berges. Der Radweg führt wieder zur Hauptstraße hinunter, genau dort wartet die »Erlebniswelt Bodensee« auf kleine und große Besucher. Neben einer Modelleisenbahn, einem Spielzeug-Museum und einem Reptilienhaus gibt es hier auch ein Puppen- und Modellautomuseum.

Bis zum Tourenende in Ludwigshafen ist es nicht mehr weit. Steuern Sie beim Dorfanfang das Rad links in Richtung Hafen. In einer Rechtsschleife gelangen Sie dann zum Bahnübergang, wo links der Bahnhof bereits in Sichtweite ist.

Auskunft:
- *Verkehrsamt Ludwigshafen, Hafenstraße 5, D-78351 Ludwigshafen, Tel. 07773/930040, Fax 07773/930043.*
- *Touristik-Büro, Landungsplatz, D-88662 Überlingen, Tel. 07551/991122, Fax 07551/991135.*

Anreise:
Stündliche Zugverbindung von Singen, Radolfzell und Lindau. Mit dem Schiff von Überlingen nach Ludwigshafen.
Überlingen ist Bahnstation an der Strecke Singen-Radolfzell-Lindau mit stündlichen Verbindungen.

Campingplätze:
- *Camping See-Ende, zwischen Bodman und Ludwigshafen, Tel. 07773/5366.*
- *Städtischer Campingplatz, Überlingen, Tel. 07551/64583.*
- *Camping Denz, Überlingen-Nußdorf, Tel 07551/4379.*

Jugendherbergen:

Jugendherberge Überlingen, Alte Nußdorfer Straße 26, Tel. 07551/4204.

Aktivitäten vor Ort:

● *Überlingen: Segeln, Yachtcharter, Ruder-, Tret- und Selbstfahr-Motorboote, Baden im Überlinger See, Reiten und Wandern.*

● *Ludwigshafen-Bodman: Wandern zur Marienschlucht, zum Haldenhof oder zur Ruine Altbodman (Informationsblatt beim Verkehrsamt); Ruder- und Tretboote, Yachtcharter, Schwimmen in den zwei Strandbädern, Surfen, Tauchen, Wasserski.*

Sehenswert:

● *Überlingen: Mittelalterlicher Stadtkern, prächtige Bürgerhäuser, St. Nikolaus Münster; Rathaus mit historischem Rathaussaal; Städtisches Heimatmuseum; Historisches Zeughaus (Waffenmuseum); Stadtgarten mit Rosengarten, Rehgehege, Kakteenanlage. Im Ortsteil Goldach KZ-Gedächtnisstätte.*

● *Sipplingen: Erlebniswelt mit Modelleisenbahn-, Modellauto- und Spielzeug-Museum, Puppenmuseum, Reptilienschau, geöffnet vom 1. Mai bis 15. Oktober von Montag bis Sonntag, 10–18 Uhr.*

Zusätzliche Radtouren:

1. Ab Ludwigshafen kann auch eine Tour um den Überlinger See gemacht werden: Ludwigshafen – Unteruhldingen – Meersburg _ Konstanz – Mainau _ Wallhausen – Dettingen – Langenrain – Bodman – Ludwigshafen; ca. 55 km.
2. Geführte Radtouren rund um Überlingen, Infos beim Touristikbüro.

Einkehrmöglichkeiten:

Hinter Ludwigshafen gibt es im Landesinneren erst wieder beim Haldenhof die Möglichkeit, Flüssiges und feste Nahrung zu bunkern, danach wieder bei Nesselwangen und Hödingen.

Radverleih:

● *Ludwigshafen: Surfshop »See-End«, Hauptstraße 15, Tel. 07773/5009 (verschiedene Modelle auch Kinderräder).*

● *Überlingen: Zweiradhaus Marheinke, Jodokstraße 6, Tel. 07551/65028.*

Tour 14: Bodanrück – Mindelsee, Wildpark und Marienschlucht

Charakter: *Die Tour schwingt sich vom flachen Hinterland bei Ludwigshafen und Bodmann allmählich ins hügelige östliche Bodanrück hinauf. Vom Mindelsee bis Langenrain muß stellenweise gehörig in die Pedale getreten werden. Der Rest der Strecke ist dann jedoch gemütlich fahrbar. Der größte Teil der Tour führt über einsame und verkehrsarme Wege, nur zwei kurze Streckenabschnitte führen auf Straßen mit teils starkem Autoverkehr. Mit Ausnahme einer Wegstrecke am Ufer des Mindelsees entlang und einem längeren Forststraßenstück ab Langenrain sind alle anderen Wege geteert. Naturliebhaber werden im Naturschutzgebiet Mindelsee und in der Marienschlucht ihre helle Freude haben, und der Wildpark Bodanrück bietet Abwechslung mit Bison und Bär.*

Länge: *43,5 km.*

Fahrzeit: *5–6 Stunden.*

Ausgangspunkt: *Ludwigshafen/Bahnhof.*

Höhe des Ausgangspunktes: *400 m.*

Routenverlauf: *Ludwigshafen Bhf. – Bodman (4,5 km) – Güttingen (8 km) – Möggingen (1,5 km) – Wildpark Bodanrück (6,5 km) – Freudental (5 km) – Marienschlucht (2,5 km) – Bodenwald (6,5 km) – Ludwigshafen Bhf. (9 km)*

Höchster Punkt: *680 m.*

Höhenunterschied: *290 m.*

Konditionelle Anforderungen: *mittel.*

Anschlußtouren: *Tour 13 (ab Ludwigshafen); Tour 17 und Tour 18 (beide ab Radolfzell).*

Karte: *Kompaß Wanderkarte »Bodensee-West« (1:50.000).*

Wenn Sie beim Bahnhof von *Ludwigshafen* links die Straße entlang weiterfahren, befinden Sie sich bereits auf dem Bodenseeradweg, dessen Symbole Sie direkt zum Ort *Bodman* dirigieren, der wahrscheinlich zu den ältesten Siedlungen am Bodensee zählt.

Bereits für das 6. Jahrhundert ist in Bodman ein Königreich mit Namen »bodungo« nachweisbar, später die karolingische Pfalz »Bodoma«. Daraus entstand dann der Name Bodensee. Sehenswert ist das neue Schloß aus der Mitte des 18. Jahrhunderts, in dem Freiherr von Bodman wohnt. Der Park des Schlosses ist für die Öffentlichkeit geöffnet. Wenn Sie im Ort vor einem Haus mehrere Skulpturen stehen sehen, so befinden Sie sich mit allergrößter Wahrscheinlichkeit vor dem Anwesen des Künstlers Peter Lenk, von dem die in Konstanz stehende »Imperia« (siehe Tour 15) stammt. Haben Sie Interesse an Geschichte? Dann ist das Bodman-Museum mit seinen frühgeschichtlichen Fundstücken der richtige Platz. Von Bodman aus könnten Sie auch einen Spaziergang zur Marienschlucht oder hinauf zur Ruine Altbodman machen. Für die Weiterfahrt leiten Sie die Radtafeln »Radolfzell« auf der etwas stark befahrenen Straße nach Westen. Schließlich mündet der Weg in die B 35. Ab hier können Sie nun auf einem guten Radweg an der Hangseite des Bodan-

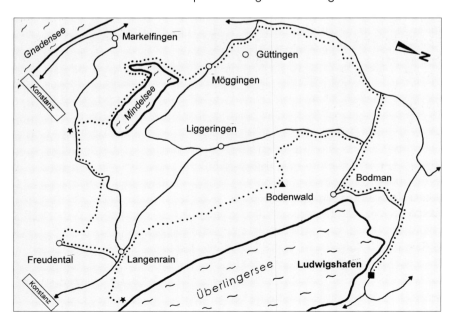

rück vorbei an Obstkulturen fahren. Wenn das Hinweisschild »Radolfzell/Stahringen« den Radler auf die andere Straßenseite leiten möchte, fahren Sie einfach geradeaus weiter. Der Weg verläßt alsbald die Nähe der Straße und verläuft einige Zeit im Wald. Beim Ziegelhof erreichen Sie wieder die Autostraße, wo Sie rechts auf einem Teerweg hinauftreten. Nach einem kleinen Autoparkplatz radeln Sie wieder hinab (die Radtafeln nach links mißachten Sie einfach). Bei der nächsten Querstraße fahren Sie links hinauf nach *Güttingen*. Bei der Kreuzung lenken Sie

Häuser von Möggingen verschwinden langsam, und der Weg führt hinunter zum Naturschutzgebiet *Mindelsee*. Bei der Weggabelung vertrauen Sie sich dem rechten ungeteerten Weg an, der Sie nun für längere Zeit an Schilfflächen entlang führt. Mit Ausnahme der nahen Autobahn ist das gesamte Gebiet des Mindelsees unverbaut und wird seit 1979 vom BUND betreut. Besonders an Wochenenden werden die Uferbereiche von zahlreichen Wanderern bevölkert.
Schließlich erreichen Sie in der Nähe der Autobahn einen Parkplatz. Radeln Sie hier links weiter zum Wald hin, und setzen Sie ihre Reise links auf dem Forstweg fort. Dieser führt Sie schon bald direkt zum Ufer des romantischen Mindelsees heran, wo Bäume ihre Äste im Wasser

Ihren Untersatz kurz nach links, dann nach rechts in Richtung *Möggingen*, wo Sie direkt ins Ortszentrum (Kirche) gelangen. Hier wenden Sie kurz rechts, radeln langsam hinab, um ja nicht links den Mindelseeweg zu versäumen. Am Ende dieses Weges setzen Sie die Fahrt geradeaus auf einem schmalen Teerband fort. Die

baden und im Spätsommer und Herbst sich Tausende von Reiherenten tagsüber zum Ausruhen niederlassen. Nach einiger Zeit weisen Tafeln mit der Aufschrift »Wildpark« den Radler rechts hinauf. Der Forstweg mündet vis-à-vis vom Wild- und Freizeitpark in die Landstraße. Etwa 400 Tiere werden hier gehalten, für Kindern gibt's einen riesigen Abenteuerspielplatz mit einer Superrutschbahn. Falls Sie ihre Kleinen dabei haben, gönnen Sie ihnen etwas Erholung, denn auf den nächsten Kilometern muß tüchtig in die Pedale getreten werden. Für die Weiterfahrt radeln Sie – vom Wildpark kommend – rechts der Straße entlang, schon bald zieht sich der Weg bergauf in den Wald hinein. Halten Sie sich vorerst in Richtung Langenrain. Die Straße verlassen Sie schließlich, um rechts nach Stöckenhof abzuzweigen. Der geteerte, aber beinahe autofreie Weg führt zuerst auf eine Anhöhe, dann geht's gemütlich durch Wiesen zum Wald heran. Nach einer nochmaligen Steigung ist der Ort *Freudental* erreicht, wo Sie der Dorfstraße links folgen und schon nach kurzer Zeit bei Langenrain die Vorrangstraße erreichen. Wenn Sie nun der Marienschlucht einen Besuch abstatten wollen, dann fahren Sie auf der Hauptstraße wenige Meter rechts und verlassen diese gleich wieder links auf einem geteerten Sträßchen, das Sie direkt zum Parkplatz oberhalb der *Marienschlucht* leitet.

Das Rad müssen Sie nun beim Parkplatz zurücklassen, denn der Weg hinunter zum Überlinger See führt über Stege und ist nur für Fußgänger geöffnet. Von der Marienschlucht radeln Sie nun zurück zur Hauptstraße und folgen dieser rechts ins Dorf *Langenrain* hinein. Am Ende des Dorfes, es geht dabei recht steil hin-

auf, weisen Schilder darauf hin, daß rechts ein Forstweg zum Bodenwald führt. Genau dies ist das nächste Ziel. Die Radtafeln mit dem Ziel »Bodman« würden den Radler hingegen auf der Hauptstraße über Liggeringen nach Bodman leiten. Mit der hier vorgestellten Route können Sie dem Autoverkehr entkommen. Es ist eine herrliche aber stetig ansteigende Fahrt. Vorbei am Gasthof Höfen geht's immer geradeaus durch den Wald. Noch bevor Sie den höchsten Punkt erreicht haben, können Sie durch die Bäume bereits den See erblicken. Schließlich tritt der Wald zurück und der Weg führt hinunter zur Vesperstube »Bodenwald«.

Für die Weiterfahrt ist Vorsicht geboten und vor allem sind gute Bremsen notwendig. Der Weg bis zur Hauptstraße ist sehr steil und holprig, zudem können Ihnen Autos entgegenkommen. Schließlich erreichen Sie die geteerte Straße, auf der Sie rechts weiter durch einen Tobel hinabfahren. Der Weg mündet in eine Vorrangstraße, auf der Sie rechts Bodman erreichen können. Radeln Sie aber geradeaus auf einem kleinen Sträßchen weiter. Nach einer Linkskurve nehmen Sie den nächsten Feldweg rechts. Auf ihm gelangen Sie zu einer Teerstraße, der Sie rechts folgen. Bei der Kreuzung stoßen Sie wieder auf den Bodenseeradweg; dort halten Sie sich links, schon bald erreichen Sie mit Ludwigshafen den Ausgangspunkt der Tour.

Auskunft:
- Verkehrsamt Ludwigshafen, Hafenstraße 5, D-78351 Ludwigshafen, Tel. 07773/930040, Fax 07773/930043.

Anreise:
Stündliche Zugverbindung von Singen, Radolfzell und Lindau. Mit dem Schiff von Überlingen nach Ludwigshafen.

Campingplätze:
- Camping See-Ende, zwischen Bodman und Ludwigshafen, Tel. 07773/5366.
- Campingplatz Markelfingen, Unterdorfstraße 19, D-78315 Radolfzell, Tel. 07732/10611 oder 07732/12838.

Aktivitäten vor Ort:
- Ludwigshafen-Bodman: Wanderung zur Marienschlucht (am Ufer entlang); Wanderroute zum Haldenhof oder zur Ruine Altbodman (Informationsblatt beim Verkehrsamt); Ruder- und Tretboote sowie Yachtcharter; zwei Strandbäder; Surfen; Wasserski.

Sehenswert:
- Wild- und Freizeitpark Bodanrück im Ortsteil Markelfingen (ganzjährig geöffnet von 9–18 Uhr, Oktober bis Februar von 10–17 Uhr); Naturschutzgebiet Mindelsee.
- Bodman: Bodman-Museum im Rathaus (frühgeschichtliche Funde), Montag bis Donnerstag geöffnet von 8–12 und 14–16 Uhr, freitags von 8–12 Uhr; Parkanlage beim Schloß Bodman.
- Möggingen: Naturschutzgebiet Mindelsee.
- Langenrain: Marienschlucht.

Zusätzliche Radtouren:
Ab Ludwigshafen kann auch eine Tour um den Überlinger See gemacht werden: Ludwigshafen – Unteruhldingen – Meersburg – Konstanz – Mainau – Wallhausen – Dettingen – Langenrain – Bodman – Ludwigshafen; ca. 55 km.

Radverleih:
- Ludwigshafen: Surfshop »See-End«, Hauptstraße 15, Tel. 07773/5009 (verschiedene Modelle, auch Kinderräder).

Tour 15: Konstanz, Mainau und östlicher Bodanrück

Charakter: *Obwohl der Bodanrück recht hügelig ist, müssen Sie auf dieser Tour nur von Wallhausen nach Dettingen kräftig in die Pedale treten, sonst geht's unter einem gemütlichen Auf und Ab vorbei an Wiesen, Äckern und Obstplantagen. Zwischen Mainau und Wallhausen kann man den schönen Blick auf den Überlingersee und das gegenüberliegende Ufer genießen. Ab Dettingen bis Wollmatingen führt die Strecke teils über gute Schotterwege durch schattenspendende Wälder. Mit der Altstadt Konstanz und der exotischen Vegetation auf der Insel Mainau ist für Abwechslung gesorgt. Die meist gut beschilderte Radstrecke nutzt autofreie oder verkehrsarme Wege; selbst in Konstanz ist das Radfahren ein Genuß, hat diese Stadt doch ein vorbildliches Radwegenetz geschaffen.*

Länge: *33 km.*

Fahrzeit: *4–5 Stunden.*

Ausgangspunkt: *Konstanz/Bahnhof.*

Höhe des Ausgangspunktes: *400 m.*

Routenverlauf: *Konstanz/Hafen – Insel Mainau (6,5 km) – Litzelstetten/Strandbad (2 km) – Dingelsdorf (3,5 km) – Wallhausen (2 km) – Dettingen (2,5 km) – Hegne (4,5 km) – Wollmatingen (4,5 km) – Konstanz/Hafen (7,5 km)*

Höchster Punkt: *470 m.*

Höhenunterschied: *100 m.*

Konditionelle Anforderungen: *mittel.*

Anschlußtour: *Tour 22 (ab Kreuzlingen).*

Karte: *Kompaß Wanderkarte, Bodensee-West (1:50.000), Nr. 1a; Radwanderkarte Bodenseekreis (der Weg von Hegne nach Wollmatingen ist eingezeichnet).*

Den Bahnhof von *Konstanz* verlassend, radeln Sie rechts zum Informationsbüro. Dort können Sie mittels Unterführung zum Hafengelände gelangen. Infolge der Kürze dieser Rundfahrt sollte man sich die Zeit gönnen, Konstanz ein wenig anzuschauen. Am Ende einer Hafenmole steht der rot-braune Leuchtturm, auf der anderen Mole ein Wahrzeichen der Stadt, die elf Meter hohe »Imperia«. Es handelt sich dabei um eine Liebesdienerin (Kurtisane) des Mittelalters, geschaffen von Peter Lenk. In Sichtweite der »Imperia« befindet sich das Konzilsgebäude, in dem von 1414 bis 1418 Kardinäle und Gesandte die einzige Papstwahl auf deutschem Boden durchführten. Neben dem Konzilsgebäude befindet sich der Bahnübergang; eine Radtafel orientiert den Reisenden über die verschiedensten Radreiseziele. Halten

Sie sich an das Hinweisschild »Mainau«. Fahren Sie nun über die Geleise zur Straße, dort müssen Sie laut Radtafel rechts und kurz darauf links abbiegen, um in die Altstadt einzutauchen. Am Ende der Zollernstraße biegen Sie rechts ab, passieren das Münster »Unserer lieben Frau« und erreichen auf verwinkelten Wegen die Seebrücke, wo sich der Rheintorturm befindet.

So schnell sollten Sie allerdings diese schöne Altstadt nicht durchradeln, denn es läßt sich hier gut in der romantischen und malerischen Gassen wandeln. Wer Interesse an Museen hat, findet mit dem Zeitungs-, Hus- und Rosgartenmuseum sowie dem Archäologischen Landesmuseum und dem Bodensee-Naturmuseum eine reiche Auswahl.

Nach der Überquerung des Seeausflusses auf der Seebrücke, lotsen Sie

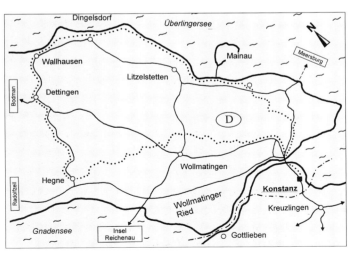

die Radschilder über die Theodor-Heuss-Straße und die Friedrichstraße an den Fuchsbühl (Waldgebiet) heran. Hier fahren Sie rechts weiter, schon bald taucht die Universität von Konstanz auf.

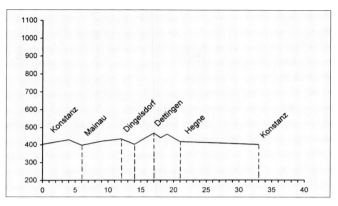

Nach der Unterquerung der Mainaustraße, rollen Sie in die kleine Ortschaft *Egg* hinein. Schon bald radeln Sie auf kiesigem Untergrund durch eine Ahornallee der Insel *Mainau* entgegen. Das Fahrrad muß zurückgelassen werden, für das Gepäck gibt's verschließbare Fächer.

Die Insel lockt jährlich etwa zwei Millionen Besucher an, damit hat sich die Blumeninsel zum Touristenziel Nummer eins am Bodensee gemausert.

Für die Weiterfahrt (Wegweiser »Dettingen/Bodman«) bleiben Sie einfach der schattigen Ahornallee treu. Am Ende der Allee befolgen Sie nicht den Wegweiser »Reichenau« sondern biegen rechts und dann links ab, passieren einen Zeltplatz und treten anschließend kurz aber steil nach oben. Gleich danach hat die Steigung ein Ende, denn Sie biegen rechts ab. Nachdem Sie die Ortschaft »Litzelstetten« passiert haben, schwingt sich der Radweg nun an Obstkulturen, Wiesen und Feldern

vorbei bis nach Dingelsdorf. Dabei können Sie immer den herrlichen Blick auf den Überlinger See und das gegenüberliegende Ufer bewundern. Beim Strandbad *Wallhausen* mündet der Radweg in die Dorfstraße, auf der Sie durch Wallhausen radeln, ein Ort mit einem großen Yachthafen. Sobald die Straße den Berg hinaufzieht, können Sie auf einem Begleitweg weiterkurbeln. Nach etwa 1 km Steigung geht's dann gemütlicher zum Dorfanfang von *Dettingen*, das Sie in rassigem Tempo auf der Durchzugsstraße durchqueren können. Am Ende von Wallhausen, bei der Tankstelle, biegen Sie rechts in die Hegnerstraße ein. Der Weg führt auf eine bewaldete Kuppe und dann hinunter nach *Hegne*, wo Sie direkt vor dem Schloß Hegne auf eine Querstraße stoßen. Das mächtige Anwesen ist ein Kloster und kann nicht besichtigt werden.

Halten Sie sich nun links und radeln Sie geradeaus – später auf einem

Kiesweg – dem Wald zu, vor dem Sie links abbiegen. Kurz danach führt der Weg wieder in den Wald hinein und teilt sich dann in drei Forststraßen auf; die mittlere (die geradeaus führt) sollten Sie nehmen. Auf diesem Weg umfahren Sie eine Feuchtwiese, die sich rechts ausbreitet. Schließlich führt der Weg zu einer Kreuzung, wo Sie geradeaus weiterholpern. Schon bald passieren Sie einen Hundedressurplatz. Nachdem die Straße den Wald verlassen hat, folgt eine Weggabelung – beim Umspannwerk –, wo Sie das Velo links weiterlenken. Bei der ruppigen Querstraße geht's rechts bis zur Hauptstraße weiter, der Sie rechts nach *Wollmatingen* folgen. Schon beim Dorfanfang treffen Sie auf Radtafeln mit den Zielorten »Schweiz, KN-Zentrum«, die Sie links in eine kleine Straße abzweigen lassen und durch Felder und Wiesen zur Litzelstetter Straße bringen. Gemäß den Hinweisschildern rollen Sie kurz links und dann rechts in Richtung Tierheim. Vor Ihnen erhebt sich der Taborberg mit dem Aussichtsturm. Der Teerweg führt zum Taborberg heran, dann am Fuße des Hügels bis zum Hallenbad »Schwaketenbad«, wo Sie rechts abbiegen und nun auf die Wohnblocks zusteuern. Gekonnt weisen die Tafeln den Radler auf Schleichwegen zur Wollmatinger Straße, auf der Sie links weiterrollen. Über den Zähringer Platz, die Theodor-Heuss-Straße und die Seebrücke gelangen Sie in die Altstadt von Konstanz. Den Weg zum Bahnhof kennen Sie bereits vom Anfang der Tour.

TIPS

Auskunft:
- *Tourist-Information, Bahnhofplatz 13, D-78462 Konstanz, Tel. 07531/133030, Fax 07531/133060.*

Anreise:
Mit dem Zug oder den Linienschiffen von Bregenz über Friedrichshafen nach Konstanz. Von Meersburg fahren Fähren nach Konstanz-Staad. Schweizer Bürger erreichen Konstanz über die Schwesterstadt Kreuzlingen.

Campingplätze:
- *Campingplatz Bruderhofer, Konstanz-Staad, Tel. 07531/31388.*
- *Camping Klausenhorn, Konstanz-Dingelsdorf, Tel. 07531/6372.*
- *Campingplatz Litzelstetten-Mainau, Tel. 07531/943030.*
- *DRK-Bodensee, Konstanz-Staad, Tel. 07531/33057.*

Jugendherbergen:
● Jugendherberge, Zur Allmannshöhe 18, Konstanz, Tel. 07531/32260.

Aktivitäten vor Ort:
● Konstanz: Ballonfahrten, Tel. 07531/17817; Rundflüge (Konair Flugbetriebs GmbH., Tel. 07531/61110); Boots-Charter; Surfen; Baden im Bodensee.

Veranstaltungen vor Ort:
Konstanzer Zelt-Festival in den Monaten Juni/Juli (Jazz, Rock, Pop, Kabarett, Theater); Seenachtfest mit Riesenfeuerwerk, Anfang August.

Sehenswert:
● Konstanz: Münster (herrlicher Rundblick vom Turm); Rosgarten-Museum (Kultur und Kunst der Bodenseeregion); Hus-Museum, Dienstag bis Samstag geöffnet von 10–12 und 14–16 Uhr, sonntags von 10–12 Uhr; Bodensee-Naturmuseum, Dienstag bis Freitag geöffnet von 10–17 Uhr, samstags und sonntags von 10–16 Uhr; Archäologisches Landesmuseum Baden-Württemberg, von Dienstag bis Sonntag geöffnet von 10–18 Uhr; Konzilsgebäude und die Kurtisane namens »Imperia« am Hafen; freskengeschmückte Altstadthäuser, Zunfthäuser.
● Insel Mainau: Tausende von Blumen, exotische Pflanzen und Schmetterlingshaus.
● Hegne: Klosteranlage (nur von außen zu besichtigen).

Zusätzliche Radtouren:
1. Ab Konstanz kann der Überlinger See umrundet werden (sehr gut ausgeschildert); siehe »Tips« bei Tour 14.
2. Inseltour (sehr gut ausgeschildert): Von Konstanz zur Insel Mainau, dann über den Bodanrück zur Insel Reichenau und schließlich zurück nach Konstanz.

Radverleih:
● Konstanz: Kultur-Rädle, Blarerstraße 19, Tel. 07531/27310. Velotours, Mainaustraße 34, Tel. 07531/98280.

Tour 16: Reichenau – Auf der Gemüse- und Salatinsel

INFOS

Charakter: *Von Konstanz aus führt die ausgezeichnet beschilderte Reichenau-Tour vorbei am Wollmatinger Riede direkt zur Insel. Dort weisen die Radschilder den Erkunder vorbei an Feldern und Glashäusern, teils auf geteerten oder gekiesten Wegen. Dabei hat man immer wieder die Möglichkeit, vom Bodenseeufer aus ins kühle Naß des Bodensees zu springen, oder in den zahlreichen Gasthäusern Bodenseefische, Salat- und Gemüseplatten zu bestellen.*
Als Krönung folgt der Aufstieg zum Aussichtshügel Hochwart, an dessen Hängen Weinreben gedeihen. Kunstliebhaber können in Konstanz und auf der Reichenau ihren Leidenschaften vielfältig frönen.

Länge: *30 km.*

Fahrzeit: *3–4 Stunden.*

Ausgangspunkt: *Konstanz/Hafen.*

Höhe des Ausgangspunktes: *400 m.*

Routenverlauf: *Konstanz/Hafen – Reichenau/Parkplatz (6,5 km) – Mittelzell (5,5 km) – Niederzell (2 km) – Hochwart (4,5 km) – Konstanz/Hafen (11,5 km)*

Höchster Punkt: *441 m.*

Höhenunterschied: *50 m.*

Konditionelle Anforderungen: *leicht.*

Anschlußtouren: *Tour 15 (ab Konstanz); Tour 22 (ab Kreuzlingen).*

Karte: *Kompaß Wanderkarte, Bodensee-West (1:50.000), Nr. 1a.*

Auf dem ausgezeichneten Radwege-netz in *Konstanz*, mit den beinahe lückenlosen Radtafeln in alle Richtungen, fühlt man sich als Radler gut aufgehoben; genaues über Konstanz siehe Tour 15.

Gemäß Hinweisschildern (Reichenau) radeln Sie zuerst durch die Altstadt zur Seebrücke heran. Beim Rheintorturm geht's rechts entlang des Seerheins. Zuerst passieren Sie einen Kreisverkehr (nur für Radfahrer), später gelangen Sie zu einer hohen Rheinbrücke, auf die Sie mittels »Radwendeltreppe« hinauffahren können. Auf der anderen Rheinseite radeln Sie nun rechts entlang der Reichenaustraße. Schon bald lenkt Sie die Radtafel auf die andere Straßenseite, wo es auf einem Radbegleitweg am Schilfgürtel des Wollmatinger Riedes entlanggeht. Die Abzweigung nach Reichenau läßt nicht mehr lange auf sich warten. Dort, wo der Damm beginnt, wartet eine Informationstafel auf Besucher.

Auf die *Reichenau*, die nach der Dammschüttung eigentlich eine Halbinsel ist, können Sie auf einem von Pappeln gesäumten Kiesweg radeln. Kurz vor der Insel taucht die Statue

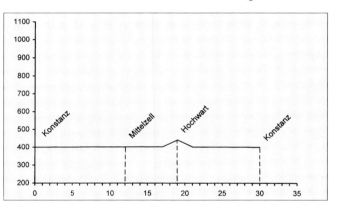

des heiligen Pirmin auf, der im Jahre 724 das Kloster Reichenau gegründet haben soll. Die Gründungsurkunde des Karolingers Karl Martell ist vermutlich jedoch gefälscht; mit ihr wollten die Mönche ihre Unabhängigkeit beweisen.

Die Insel begrüßt die Besucher mit Gemüse- und Salatfeldern sowie der romanischen Kirche St. Georg aus dem 9. Jahrhundert. Im Inneren der Kirche ist folgende Darstellung besonders interessant: Teufelsgestalten versu-

chen auf eine Kuhhaut das Gespräch von Frauen niederzuschreiben. Damit sollten die Damen während des Gottesdienstes immer wieder darauf aufmerksam gemacht werden, daß ihr Geplapper auf Pergament vermerkt und schließlich vom himmlischen Richter berücksichtigt werde.

Folgen Sie nun einfach immer den Radsymbolen, die den Besucher um die Insel herumlenken. In Mittelzell steht die größte Kirche auf der Rei-

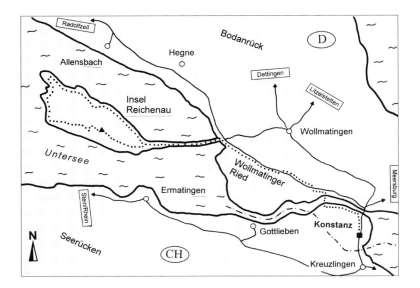

chenau, das Münster St. Maria und Markus, deren Holzdecke einem umgedrehten Schiffsrumpf ähnlich sieht. Amüsant ist der Bericht über den früher hier vorhanden gewesenen Froschteich. Damit der König, der hin und wieder im Kloster weilte, ruhig schlafen konnte, war ein Diener verpflichtet, zur Nachtzeit am klosternahen Teich zu stehen, um den quakenden Bewohnern mit einer langen Stange auf die Köpfe zu schlagen. Die dritte Kirche befindet sich in Niederzell, stammt aus dem 11. Jahrhundert, ist doppeltürmig und Peter und Paul geweiht. Mit ihrem weiß-roten Anstrich sticht sie besonders ins Auge. Nun führt der Radweg zum Zeltplatz und von dort aus am West- und Südufer entlang. Sobald Sie links einen Hügel erblicken, an dessen Hängen

Weinreben gedeihen, sollten Sie auf ihn hinauffahren. Es handelt sich um den *Hochwart*, von dem aus der Besucher einen herrlichen Rundblick auf die Glashäuser, Gemüsefelder, den Untersee und die angrenzenden Gebiete genießen kann. Weinkenner finden hier auch einen Weinlehrpfad vor. Flott geht's nun hinunter vom höchsten Hügel auf der Insel und schon befinden Sie sich wieder auf der Straße, die die Insel verläßt. Den Rückweg kennen Sie bereits, allerdings sollten Sie zur Abwechslung diesmal nicht über die hohe Brücke, sondern auf der Reichenaustraße geradeaus weiterradeln. Benutzen Sie die Radlerbrücke über den Seerhein. In Konstanz, in der Altstadt oder am See, kann man die Reise gemütlich ausklingen lassen.

Auskunft:

- Tourist-Information, Bahnhofplatz 13, D-78462 Konstanz, Tel. 07531/133030, Fax 07531/133060.
- Verkehrsbüro, Ergat 5, D-78479 Reichenau, Tel. 07534/92070, Fax 07534/920777.

Anreise:

Mit dem Zug, den Linienschiffen von Bregenz über Friedrichshafen nach Konstanz. Zwischen Meersburg und Konstanz/Staad pendeln Autofähren. Schweizer Bürger erreichen Konstanz über die Schwesterstadt Kreuzlingen.

Campingplätze:

- Campingplatz Bruderhofer, Konstanz-Staad, Tel. 07531/31388.
- Camping Klausenhorn, Konstanz-Dingelsdorf, Tel. 07531/6372.
- Campingplatz Litzelstetten-Mainau, Tel. 07531/943030. DRK-Bodensee, Konstanz-Staad, Tel. 07531/33057.
- Insel-Camping-Platz »Sandseele«, Markusstraße 10, Reichenau-Niederzell, Tel. 07534/7384.

Jugendherbergen:

- Jugendherberge, Zur Allmannshöhe 18, Konstanz, Tel. 07531/32260.

Aktivitäten vor Ort:

- Konstanz: Ballonfahrten, Tel. 07531/17817; Rundflüge (Konair Flugbetriebs GmbH., Tel. 07531/61110); Boots-Charter; Surfen; Baden im Bodensee.
- Reichenau: Strandbad in Niederzell.

Veranstaltungen vor Ort:

- Konstanz: Konstanzer Zelt-Festival Juni/Juli (Jazz, Rock, Pop, Kabarett, Theater); Seenachtsfest mit Riesenfeuerwerk, Anfang August.
- Insel Reichenau: Wein- und Fischerfest im Monat August.

Sehenswert:

● *Konstanz: Münster (herrlicher Rundblick vom Turm); Rosgarten-Museum (Kultur und Kunst der Bodenseeregion); Hus-Museum, geöffnet dienstags bis samstags von 10–12 und 14–16 Uhr, sonntags von 10–12 Uhr; Bodensee-Naturmuseum, Dienstag bis Freitag von 10–17 Uhr geöffnet, an Samstagen und Sonntagen von 10–16 Uhr; Archäologisches Landesmuseum Baden-Württemberg, dienstags bis sonntags geöffnet von 10–18 Uhr; Konzilsgebäude und die Kurtisane namens »Imperia« am Hafen; freskengeschmückte Altstadthäuser, Zunfthäuser.*

● *Reichenau: Reichenauer Heimatmuseum, Mai bis September, Dienstag bis Sonntag 15 bis 17 Uhr; die Stiftskirche St. Georg; Münster St. Maria und St. Markus; Stiftskirche St. Peter und Paul.*

● *Heimatmuseum Reichenau: Entwicklung der Landwirtschaft und des Weinbaus, des weiteren Schiffahrt, Vogelwelt, See und Fischerei auf der Reichenau, Ergat 1, Mai bis September, Dienstag bis Sonntag von 15 bis 17 Uhr. Weinlehrpfad, Kräutergarten beim Reichenauer Münster.*

Alternative Radtour:

1. Von der Insel Mainau kann auch mit der Fußgänger- und Fahrradfähre nach Allensbach übergesetzt werden; von dort geht es dann nach Konstanz.

2. Die Tour beim Bahnhof Hegne (dorthin mit dem Städteexpreß aus Radolfzell oder Konstanz) beginnen.

3. Wer mit dem Auto anreist, findet vor dem Inseldamm einen Parkplatz.

Einkehrmöglichkeiten:

Auf der Insel Reichenau gibt es zahlreiche Möglichkeiten Bodenseefische zu probieren. In Salatstuben wird Gemüse und Salat von der Insel serviert.

Radverleih:

● *Konstanz: Kultur-Rädle, Blarerstraße 19, Tel. 07531/27310.*

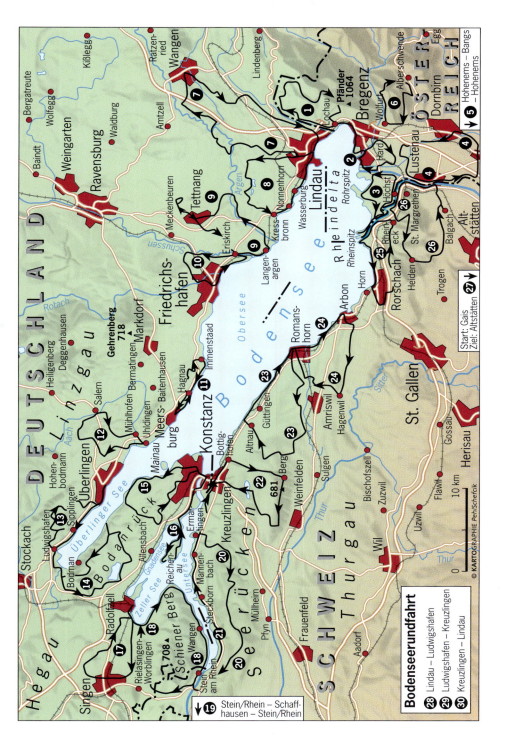

*Wahrzeichen: Der Mang-
turm im Lindauer Hafen.*

Garten Eden:
Das milde
Bodenseeklima
läßt neben
Äpfeln und
Weintrauben
auch Zwetsch-
gen gedeihen.

Nur die sorgfäl-
tige Pflege der
Netze garantiert
einen guten
Fang.

Der Affenberg v[...]
hausen: Über 2[...]
fen unterhalten j[...]
sende Besucher.

Hagenwil: Das
bezaubernde
Wasserschloß im
Hinterland von
Arbon.

Die Festung Munot
überragt die Alt-
stadt von Schaff-
hausen.

's-
af-
u-

Dem Barockbaumeister Thumb gelang mit der Klosterkirche Neu-Birnau ein Meisterwerk.

Freie Fahrt: Auf der österreichischen Bodenseeseite reicht kein Privatgrundstück bis zum Seeufer.

Das malerische Diessenhofen befindet sich touristisch in einem Dornröschenschlaf.

Wer Nostalgie liebt, sollte es sich nicht nehmen lassen, mit dem Raddampfer »Hohentwiel« zu fahren.

Die Adlerwarte auf dem Pfänder ist ein Touristenmagnet.

Meersburg: Oft liegt die Schönheit im Detail.

Schon die Steinzeitmenschen wußten die Gestade des Bodensees zu schätzen: die Pfahlbauten in Unteruhldingen.

*Reizpartie: Im Vor-
arlberger Bangs
blüht im Frühsommer
ein Meer von Schwert-
lilien.*

*Ab Brülisau kann man
mit der Gondel auf
den Hohen Kasten
fahren.*

Tour 17: Im Hegau – Nach Singen zur Burg Hohentwiel

Charakter: *Diese Tour führt durch ein geologisch recht interessantes Gebiet. Mehrere Basaltblöcke ragen aus der sanften Hügellandschaft des Hegaus in die Höhe. Die bekannteste Erhebung ist der Hohentwiel mit der gleichnamigen Burgruine, das Ziel dieses Reisevorschlages. Ein weiteres Kuriosum ist die Radolfzeller Aach, die eigentlich Donauwasser in den Bodensee transportiert.*
Der beschriebene Radausflug verläuft meist auf verkehrsarmen Landstraßen oder Straßen mit Radbegleitwegen. Mit Ausnahme des kurzen aber kräftigen Anstiegs zur Hohentwiel erfordert diese Tour keine besondere Kraftanstrengung. Ruhig und ohne Verkehr ist die Fahrt auf dem gekiesten Rad- und Fußweg an der romantischen Radolfzeller Aach. Neben der Burgruine Hohentwiel sorgt auch die Altstadt von Radolfzell für kulturelle Abwechslung.

Länge: *36,5 km.*

Fahrzeit: *4–5 Stunden.*

Ausgangspunkt: *Radolfzell/Bahnhof.*

Höhe des Ausgangspunktes: *400 m.*

Routenverlauf: *Radolfzell Bhf. – Überlingen (5,5 km) – Rielasingen (6 km) – Singen (4 km) – Hohentwiel (1,5 km) – Hausen (5,5 km) – Friedingen (3 km) – Böhringen (6 km) – Radolfzell Bhf. (5 km)*

Höchster Punkt: *686 m.*

Höhenunterschied: *290 m (davon 270 Höhenmeter von Singen auf die Hohentwiel; die letzten Meter zu Fuß).*

Konditionelle Anforderungen: *leicht.*

Anschlußtour: *Tour 18.*

Karte: *Rad- und Wanderkarte »Hegau – Westlicher Bodensee« (1:50.000), RV Verlag.*

Der restaurierten Altstadt von *Radolfzell* sollten Sie unbedingt einen Besuch abstatten. Dorthin gelangen Sie nach wenigen Metern vom Bahnhof aus über die Seetorstraße; genaue Infos finden Sie unter Tour 18.

Der Radausflug beginnt am Bahnhof, wo Sie durch die Unterführung auf die Seeseite übersetzen können. Radeln Sie dort rechts entlang der Geleise. Erst die Radtafeln »Moos/Gaienhofen« beachtend, schwenken Sie beim ersten Kreisverkehr gemäß Hinweisschild »Überlingen am Ried« rechts in eine Dorfstraße ein. Im Respektabstand zur Straße leitet ein Teerband den Radler durch das Aachried bis nach *Überlingen am Ried*. Der Radweg folgt der Umfahrungsstraße, wobei Sie sich immer an den Hinweisschildern »Rielasingen« orientieren müssen.

Bei *Rielasingen* radeln Sie direkt auf der Vorrangstraße, die mittels Brücke die Geleise überquert. Rollen Sie bei der nächsten Kreuzung noch wenige Meter geradeaus bis zur Brücke, die die Radolfzeller Aach überquert. Davor schwenken Sie rechts in eine kleine Naturfahrbahn ein, die Sie an der ruhig dahinfließenden Aach direkt nach *Singen* lenkt. Schon bald taucht links der Basaltfelsen Hohentwiel auf, das Ziel dieser Reise. Bei der ersten Autobrücke wechseln

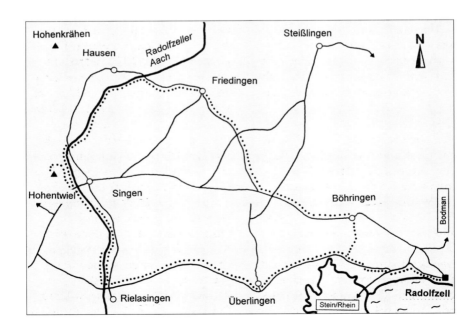

Sie die Uferseite
und radeln nun
bis zum Bahn-
damm weiter.
Hier steuern Sie
kurz links und
folgen dann
rechts einer
Straße, die sich
unter der Bahn
hindurch-
schwingt. Mit
der Schlacht-

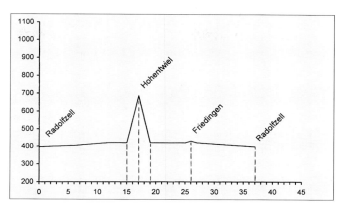

haussstraße machen Sie eine Rechtskurve und biegen dann vor der Aach-
brücke links ein. Bis zur nächsten
Querstraße (Schaffhauserstraße) ist
es nicht mehr weit; vis-à-vis befindet
sich das Freibad von Singen. Für die
Weiterfahrt radeln Sie auf der Querstraße kurz links weiter, um nach
wenigen Metern rechts in die Parkstraße einzubiegen. Wer jedoch die
Burg Hohentwiel und die Innenstadt
von Singen besuchen möchte, sollte
mit der Weiterfahrt noch etwas
Geduld haben.
Auf jeden Fall sollten Sie es sich nicht
nehmen lassen, der berühmten Burg
einen Besuch abzustatten. Dazu
radeln Sie auf der Schaffhausen-
straße links hinauf, überqueren die
Geleise und halten nach der Hinweistafel zur *Hohentwiel* Ausschau, die
Sie rechts abbiegen läßt. Schon nach
wenigen Metern müssen Sie sich mit
einer Steigung von 18 Prozent anle-
gen. Nach 1000 Metern Schinderei
oder Schiebeeinlage ist der Parkplatz

erreicht, wo Sie die Räder zurückgelassen müssen. Auf den restlichen
Metern zur Ruine können Sie nun ihre
Füße ein wenig vertreten.
Nach der Ruinenbesichtigung rauschen Sie zurück zum Freibad. Geradeaus geht es direkt ins Stadtzentrum, wo das interessante Hegau-
Museum auf Besucher wartet. Dort
können Sie 13.000 Jahre Mensch-
heitsgeschichte studieren sowie eine
sehenswerte Mineralien- und Schmetterlingssammlung bewundern. Kunst-
interessierte finden im Singener
Kunstmuseum unter anderem Werke
von Otto Dix und Max Ackermann.
Für die Weiterfahrt aber biegen Sie
nun vor dem Bad in die Parkstraße
ein, schon bald radeln Sie eingeklemmt zwischen Bahndamm und
Freibad wieder entlang der Aach.
Bei der nächsten Brücke wechseln Sie
das Ufer und halten sich immer an
die Aach, wo Weiden stehen, die
ihre Äste ins Wasser hängen lassen.
Der Radweg leitet Sie unter der näch-

sten Straßenbrücke hindurch, verläßt damit das Stadtgebiet Singen und folgt längere Zeit der Radolfzeller Aach. Bei der nächsten Brücke wird auf die andere Flußseite gewechselt. Der ruhig dahinfließende Fluß ist weiterhin der Begleiter, links hinten erhebt sich mit dem Hohenkrähen ein weiterer Basaltfelsen und langsam taucht die Ortschaft *Hausen* auf, in die Sie jedoch nicht hineinfahren. Bei der größeren Straßenbrücke verlassen Sie nun das Aachufer und radeln auf der Landstraße rechts weiter; sie führt schnurstracks hinein nach *Friedingen*.

Halten Sie direkt auf die Kirche St. Leodegar zu, wo Sie links in Richtung »Radolfzell« einschwenken. Der Weg führt aus dem Dorf hinaus und flott hinunter zu einer Vorrangstraße, die Sie überqueren. Auf einem ruhigen Teerband durch einen lichten Wald erreichen Sie schon bald die stark befahrene B 34, der Sie links auf einem ungeteerten Radbegleitweg nach *Böhringen* folgen.

Im Dorfzentrum, kurz nach der Kirche, schwenken Sie ihr Rad rechts in den Aachweg ein. Dort, wo der Weg eine scharfe Rechtskurve macht, radeln Sie geradeaus auf der autofreien Straße weiter, die sich alsbald unter der Bahn hindurchschwingt. Es geht nun immer geradeaus bis zur Querstraße, wo Sie links auf dem Radweg weiterfahren. Schon bald erreichen Sie einen Kreisverkehr, wo Sie nun links auf der anderen Seite weiterrollen. Auf diesem Weg, den Sie bereits kennen, gelangen Sie wieder zum Bahnhof von Radolfzell, wo Sie die Runde am See ausklingen lassen können.

Auskunft:
- *Tourist-Information, beim Bahnhof, D-78303 Radolfzell, Tel. 07732/81500, Fax 07732/81510.*
- *Kultur- und Verkehrsamt Singen, August-Ruf-Straße 7, D-78442 Singen, Tel. 07731/85262, Fax 07731/85243.*

Anreise:
Mit dem Zug von Konstanz oder Ludwigshafen nach Radolfzell.

Campingplätze:
- *Camping in Radolfzell-Markelfingen, Tel. 07732/10611.*
- *Camping in Böhringen, Tel. 07732/3605.*

Jugendherbergen:

● *Jugendherberge in Singen, Friedingerstraße 28, Tel. 07731/42590.*

Aktivitäten vor Ort:

● *Radolfzell: Segeln; Wasserwandern mit dem Kanu
(Tel. 0172/7405440); Surfen; Ruder- und Tretboote an der Seepro-
menade; Freibad am Untersee.*
● *Singen: Wandern auf den Hohentwiel und entlang der Radolfzeller Aach.
Baden im Freibad an der Aach.*

Veranstaltungen vor Ort:

*Höhepunkt im Singener Kultursommer ist das alljährlich Juli/August stattfin-
dende »Hohentwieler Jazzfestival« mit Burgfest.*

Sehenswert:

● *Radolfzell: Stadtmuseum; Naturschutzhaus Mettnau (Führungen in das
Naturschutzgebiet); Münster »Unserer Lieben Frau«, eine spätgotische
dreischiffige Basilika; das Österreichische Schlößchen (Renaissancebau);
Stadtgarten im ehemaligen Stadtgraben.*
● *Singen: Burgruine Hohentwiel; Hegau-Museum Singen (Ur- und Frühgeschichte mit sehenswerter Mineralien- und Schmetterlingssammlung), Am
Schloßgarten 2, Dienstag bis Samstag von 14 bis 18 Uhr, Sonntag von
14 bis 17 Uhr; Städtisches Kunstmuseum, Ekkehardstraße 10, Dienstag
bis Freitag von 14 bis 18 Uhr, Samstag und Sonntag von 11 bis 17 Uhr.*

Radverleih:

● *Radolfzell: Fahrradgeschäft Mees, Höllturm-Passage 1 (Innenstadt),
Tel. 07732/2828.*

Tour 18: Rund um den Schiener Berg

INFOS

Charakter: *Der Schiener Berg birgt so manche kräftige Bergtour in sich, doch dieser Tourenvorschlag zieht sanfte Wege ohne große Steigungen vor. Von Radolfzell führt die Radfahrt entlang des Zeller Sees zur Halbinsel Höri. Danach begleitet den Radler die romantische Kulisse des Untersees und Schweizer Ufers bis Stein/Rhein, eine der schönsten Schweizer Städte. In der Nähe der Straße leitet der Radweg den Reisenden nun bis nach Ramsen, um dort über einsame Feldwege wieder nach Deutschland zurückzukehren. Bis auf wenige Ausnahmen rollen die Räder auf verkehrsarmen oder autofreien Wegen, die nicht immer geteert sind, aber trotzdem eine gute Oberflächenbeschaffenheit aufweisen. Da die Grenze zweimal passiert wird, dürfen die Reisepässe nicht vergessen werden.*

Länge: *45,5 km.*

Fahrzeit: *5–6 Stunden.*

Ausgangspunkt: *Radolfzell/Bahnhof.*

Höhe des Ausgangspunktes: *404 m.*

Routenverlauf: *Radolfzell Bhf. – Moos (4 km) – Gaienhofen (10 km) – Wangen (4,5 km) – Stein am Rhein (6 km) – Hemishofen (3 km) – Ramsen (4 km) – Moos (10 km) – Radolfzell Bhf. (4 km)*

Höchster Punkt: *440 m.*

Höhenunterschied: *50 m.*

Konditionelle Anforderungen: *leicht.*

Anschlußtouren: *Tour 19 und Tour 21 (ab Stein am Rhein).*

Karte: *Kompaß Wanderkarte, Bodensee-West (1:50.000), Nr. 1a; ADAC-Kartenmappe »Rund um den Bodensee« (1:50.000), Blatt 12 und 13.*

Im Jahre 826 gegründet, ist *Radolf-zell* heute die größte Stadt am Unter-see. Die restaurierte Altstadt (Fußgän-gerzone) kann vom Bahnhof aus über die Seetorstraße nach wenigen Metern erreicht werden. Der Weg führt direkt zum Münster »Unserer Lie-ben Frau«, eine spätgotische drei-schiffige Basilika. Gleich daneben erhebt sich mit dem Österreichischen Schlößchen ein Renaissancebau; der Name ist Hinweis darauf, daß Radolfzell etwa 500 Jahre lang (bis 1805) zu Österreich gehörte. In der Altstadt gibt's im ehemaligen Stadt-graben den Stadtgarten, der durch die Befestigungsanlage und mehrere Türme geprägt ist. Alles in allem Grund genug, vor der Radfahrt noch ein wenig in dieser Stadt »radzubum-meln«.

Die Tour beginnt am Bahnhof, wo Sie durch die Unterführung auf die See-seite übersetzen können. Radeln Sie dort rechts entlang der Geleise. Die Radtafeln »Moos/Gaienhofen« diri-gieren Sie schon bald neben der Straße im Schatten einer Allee durch das Schilfgebiet des Aachriedes zur kleinen Ortschaft *Moos*.
Dort müssen Sie links abbiegen, erreichen den Hafen und nach einer Rechtskurve das Strandbad. Ab nun rollen Sie auf der Halbinsel Höri, der Weg wird rechts von Feldern und links von Schilfflächen des Zellersees gesäumt. Auf der anderen Uferseite grüßt das Münster von Radolfzell.

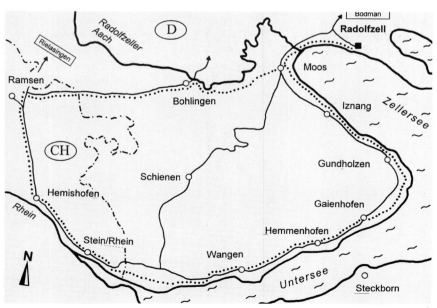

Immer im Respektabstand zum Ufer, das als Naturschutzgebiet größtenteils unverbaut ist, radeln Sie nun auf einsamen meist ungeteerten Wegen. Durch Iznang und unterhalb an Gundholzen vorbei erreichen Sie schließlich das Ufergebiet von *Horn*. Der Radweg umgeht den höher gelegenen Ort. Falls Sie jedoch Zeit haben, sollten Sie hinauffahren, denn von der Anhöhe aus hat man einen herrlichen Überblick auf den Untersee. Hier am Ufer gab es auch eine Pfahlbausiedlung mit etwa 50 Gebäuden. Die Bewohner mußten die Siedlung vor 6000 Jahren wegen eines Brandes fluchtartig verlassen; heute ist dieser Ort eine Fundgrube für Historiker.

Nachdem Sie zu einer Querstraße hinaufgetreten sind, halten sich links und brausen dann hinab zum Restaurant »Schlößle«, wo Sie davor rechts abdrehen. Nach dem Campingplatz und dem Strandbad heißt es nochmals kurz nach oben kurbeln,

dann rollen die Räder auf der ersten Teerstraße links weiter. Schließlich erreichen Sie bei *Gaienhofen* die Hauptstraße, auf der Sie durch den Ort radeln.

Gaienhofen breitet sich am Hang des Schiener Berges aus und besitzt alte Fachwerkhäuser. Hier kommen Kunst- und Literaturinteressierte auf ihre Kosten. Mitten im Ort befindet sich das Hermann-Hesse-Höri-Museum, in einer Galerie sind Werke der zahlreichen Höri-Künstler ausgestellt.

Am Ortsende von Gaienhofen wurde für Radler neben der Straße ein Radweg angelegt der nach *Hemmenhofen* führt. Hier lädt das Otto-Dix-Haus mit Werken des Künstlers zu einem kurzen Aufenthalt ein.

Am Ende des Ortes verlassen Sie die Straße und biegen links in einen Radweg ein, schließlich treten Sie abwärts durch Apfelplantagen nach *Wangen*, wo im »Fischerhaus« (1604) das Heimatmuseum untergebracht ist.

Die Radtafeln »Stein am Rhein« leiten Sie am Ortsende weg von der Straße, kurz steil hinauf, um dann endgültig die Nähe der Straße zu verlassen. Es geht rasant hinunter nach Kattenhorn, dort rechts auf

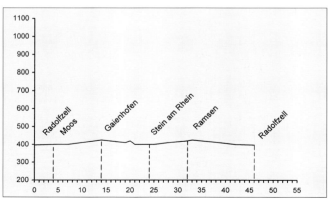

dem Uferweg nach Stiegen. Kurz danach passieren Sie auf einem Feldweg die grüne Grenze und radeln nun auf Schweizer Seite in Richtung *Stein am Rhein.*

Schon von weitem grüßt die von Weinreben und Wald umgebene Burg Hohenklingen, die 192 m über der Stadt thront. Bei Stein am Rhein folgen Sie zuerst der Tafel »Bahnhof« und radeln dann rechts in die schöne Altstadt hinein mit ihren reich bemalten Häusern und dem Dorfbrunnen mit dem Schweizer Soldaten. Lassen Sie sich einfach in einem der zahlreichen Straßencafés nieder und genießen Sie diese besterhaltene, mittelalterliche Kleinstadt der Schweiz; genaues siehe Tour 21. Radeln Sie durch die Altstadt, und verlassen Sie den Ort durch das Stadttor. Kurz muß der Hauptstraße rheinabwärts gefolgt werden, doch schon bald weist das Radschild »Hemishofen, Ramsen« den Radler rechts weg von der Straße. Später geht's auf die andere Straßenseite und dort auf einem Radweg nach *Hemishofen.*

Am Ende des Ortes schwingt sich ein Radweg entlang der Hauptstraße bis nach *Ramsen.* Radeln Sie dort nicht in den Ort hinein, sondern Richtung Grenze. Achten Sie auf den Wegweiser »Wiesenholz«, der Sie nach rechts abbiegen läßt. Über die Geleise holpernd, führt Sie dann ein Teerband zum kleinen Ort *Wiesenholz,* wo Sie vor der Kirche geradeaus

dem Schild »Bohlingen« folgen. Nach wenigen Metern holpern Sie auf einem Kiesweg langsam aufwärts, vorbei an Tabakpflanzungen und schließlich über die Grenze nach Deutschland. Nur ein kleines Schild erinnert daran, daß Sie diese Grenze nur ohne Waren und mit Reisepapieren überqueren dürfen.

Ab der Grenze gibt's dann nur noch ein gemütliches Dahingleiten. Rechts erhebt sich der Schiener Berg und links in der Ferne grüßt der Inselberg Hohentwiel.

Der Kiesweg mündet in eine Teerstraße, der Sie rechts folgen. Nach der kleinen Häusersiedlung Hittisheim, gelangen Sie ins Dorf *Bohlingen,* wo Sie rechts der Hittisheimer Straße folgen, die in die Bohlinger Dorfstraße mündet. Dort heißt es links weiterfahren, um hernach bei der ersten großen Abzweigung rechts der Fabrikstraße zu folgen. Die Radfahrt führt später entlang der Radolfzeller Aach (Ziegelhüttenweg). Bei der nächsten Kreuzung steuern Sie links eine Gärtnerei an, wo es an der nächsten Weggabelung links weitergeht. Der Kiesweg schlängelt sich durch ein Schilfgebiet zum Wald heran und trifft dort auf eine Querstraße, der Sie links gemäß Hinweistafel »Moos« folgen. Bei der nächsten Vorrangstraße lenken Sie Ihr Velo nach rechts und erreichen damit die Hauptstraße, womit sich der Kreis dieser Tour schließt. Den Weg zurück nach Radolfzell kennen Sie bereits.

Auskunft:

- Tourist-Information, D-78303 Radolfzell, Tel. 07732/81500, Fax 07732/81510.
- Verkehrsbüro/Tourist-Service, Oberstadt 9, CH-8260 Stein am Rhein, Tel. 052/7412835, Fax 052/7415146.

Anreise:

Mit dem Zug von Konstanz oder Ludwigshafen nach Radolfzell. Die Reise kann auch in Stein am Rhein begonnen werden.

Campingplätze:

- Camping in Radolfzell-Markelfingen, Tel. 07732/10611.
- Camping Orich, Stein am Rhein, Tel. 052/7413271.
- Campingplatz Hüttenberg, Eschenz (östlich von Stein am Rhein), Tel. 052/7412337.

Jugendherbergen:

- Jugendherberge in Stein am Rhein, Tel. 052/7411255.

Aktivitäten vor Ort:

- Radolfzell: Segeln; Wasserwandern mit dem Kanu (Tel. 0172/7405440); Surfen; Ruder- und Tretboote an der Seepromenade.
- Stein am Rhein: Ballonfahrten, G. Lazzaretti, Tel. 052/7413064.

Sehenswert:

- Radolfzell: Stadtmuseum; Naturschutzhaus Mettnau (Führungen in das Naturschutzgebiet); Münster »Unserer Lieben Frau«, eine spätgotische dreischiffige Basilika; das Österreichische Schlößchen (Renaissancebau); Stadtgarten im ehemaligen Stadtgraben.
- Gaienhofen: »Hermann-Hesse-Höri-Museum«, Gemälde- und Skulpturenga-lerie der Höri-Künstler, Ausstellung der Pfahlbausiedlungen der Jungsteinzeit, Hermann-Hesse-Ausstellung, Dienstag bis Sonntag von 10–17 Uhr;
- Hemmenhofen: Dix-Haus, Mittwoch bis Samstag von 10–17 Uhr geöffnet.
- Stein am Rhein: Burg Hohenklingen; Puppenmuseum; Phonografen-Museum, täglich von 10–17 Uhr; freskengeschmückte Häuser in der Altstadt.

Radverleih:

- Radolfzell: Fahrradgeschäft Mees, Höllturm-Passage 1 (Innenstadt), Tel. 07732/2828.
- Stein am Rhein: SBB, Bahnhof, Tel. 054/7412134.

Tour 19: Entlang des Hochrheins – Von Stein/Rhein zum Rheinfall

Charakter: *Sowohl auf der Hin- als auch auf der Rückfahrt folgt diese Tour dem Flußlauf des Rheins. Oft schlängelt sich der Weg durch Wälder und Wiesen und vorbei an Feldern. Eine Sehenswürdigkeit löst die andere ab: Stein am Rhein, Diessenhofen, mit der einzigen erhaltenen Holzbrücke über den Rhein, Schaffhausen und der größte Wasserfall Europas.*
Die meist verkehrsarmen Wege, die über sanfte Hügel durch ein Tal führen, sind gut ausgeschildert und verlaufen auf Teer- oder Kiesstraßen. Erhitzte Radler finden mehrere Strandbäder vor, wo man in den klaren Fluten des Rheins baden kann. Und wer am Wendepunkt müde ist, kann für die Retourfahrt das Rad und sich selbst mit dem Zug oder Schiff zum Startpunkt transportieren lassen.

Länge: *51 km.*

Fahrzeit: *6–7 Stunden.*

Ausgangspunkt: *Stein am Rhein/Bahnhof.*

Höhe des Ausgangspunktes: *410 m.*

Routenverlauf: *Stein am Rhein Bhf. – Hemishofen (3,5 km) – Gailingen (8 km) – Büsingen (4,5 km) – Schaffhausen (5 km) – Rheinfall (5 km) – Schaffhausen (4,5 km) – Diessenhofen (10 km) – Stein am Rhein Bhf. (10,5 km)*

Höchster Punkt: *450 m.*

Höhenunterschied: *100 m.*

Konditionelle Anforderungen: *mittel.*

Anschlußtouren: *Tour 18, 20 und 21 (ab Stein am Rhein).*

Karte: *ADAC-Kartenmappe »Rund um den Bodensee« (1:50.000), Blatt 13 und 14. Rad- und Wanderkarte »Hegau – Westlicher Bodensee« (1:50.000), RV Verlag.*

Dort, wo der Untersee in den Hochrhein übergeht, befindet sich das kleine Schweizer Städtchen *Stein am Rhein*. Der Bahnhof befindet sich jenseits des Rheins auf einer kleinen Anhöhe. Verlassen Sie den Bahnhof geradeaus, halten Sie sich bei der Hauptstraße kurz rechts, dann geht's links hinab. Der Weg führt zur Rheinbrücke, die den Besucher direkt in den mittelalterlichen Stadtteil leitet; genaues über Stein am Rhein siehe Tour 20.

Nach der Brücke schieben Sie ihr Rad zum Rathausplatz und radeln dann durch die Altstadt, die Sie beim Untertor verlassen. Die Radschilder dirigieren den Reisenden nach *Hemishofen*. Im Dorf nehmen Sie die erste größere Linksabbiegung, gleich danach folgt eine Rechtskurve. Auf dieser Teerstraße verlassen Sie Hemishofen und rollen an Feldern und Wiesen vorbei nach Bibermüli. Der Schotterweg führt zum Wald heran und dort links 300 m auf eine Anhöhe. Die Räder rollen nun geradewegs zur grünen Grenze und dann auf einer Forststraße leicht abwärts bis zum Waldende, wo man auf einem guten Teersträßchen hinunter zum Rheinufer fahren kann. Links am anderen Ufer sehen Sie bereits das fotogene Diessenhofen mit seiner romantische Holzbrücke, die den Schweizer Ort mit dem deutschen *Gailingen* verbindet.

Bevor Sie weiterradeln, sollten Sie

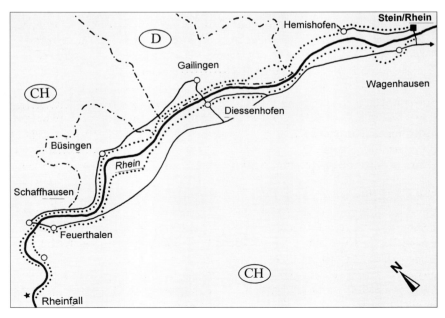

sich überlegen,
ob Sie in Schaff-
hausen die Reise
beenden. In die-
sem Fall emp-
fiehlt sich vor der
Weiterfahrt noch
schnell einen
Abstecher nach
Diessenhofen.
Das Stadtbild ist
sehenswert und
die Fahrt über

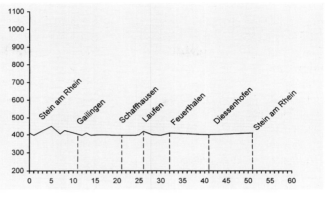

die einzige noch erhaltene Holzbrücke über den Rhein ist doch auch
etwas Besonderes.

Die Tour setzt sich weiterhin auf der
rechten Rheinuferseite flußab fort.
Schon bald zieht die Teerstraße den
Hang hinauf, doch nach wenigen
Metern lenkt ein Radsymbol und eine
gelbe Wandertafel den Biker nach
links auf einen Kiesweg, der hoch
über dem Rhein durch den Wald
führt. Später radeln Sie an einem
Bauernhofgelände vorbei und geradeaus wieder in einen Wald (Rhein-
hölzli) hinein. Vor der Ortschaft
Büsingen trägt Sie der Weg aus dem
Wald hinaus. Rechts oben thront die
Kirche St. Michael, die eine der ältesten des Bodenseegebietes ist.
Der Weg führt auf die Dorfstraße und
auf ihr links direkt ins Zentrum von
Büsingen, ein deutscher Ort, der vollkommen von Schweizer Gebiet
umgeben ist. Daraus resultieren selt-
same Konstruktionen: staatsrechtlich
ist der Ort deutsch, zollrechtlich

gehört er aber zur Schweiz. Der Ort
besitzt sowohl eine schweizerische
als auch deutsche Postleitzahl.
Obwohl die Büsinger in Deutschland
die Steuern bezahlen und Deutsche
sind, müssen Sie Zoll bezahlen, wenn
Sie in Deutschland einkaufen gehen.
Am Ende des Dorfes folgen Sie links
der Radtafel »Schaffhausen«. Diese
Straße führt Sie am Rhein entlang
nach *Schaffhausen.*
Eine Radtafel »Stadtzentrum« weist
Sie links weg von der Straße, dann
unter der Eisenbahnbrücke hindurch
zur Autobrücke. Hier sollten Sie der
guten Aussicht wegen den Rhein kurz
überqueren. Damit können Sie näm-
lich die Festung Munot, das darunter-
liegende Schaffhausen und davor die
Rheinfluten aus der richtigen Perspek-
tive bewundern.
Die Festung Munot wurde im Jahre
1564 von den Bürgern der Stadt
nach den Plänen von Albrecht Dürer
erbaut. Auch die Altstadt von Schaffhausen ist gut erhalten und lohnt

einen kleinen Stadtbummel, auf dem Sie Häuser mit reichverzierten Fassaden, schöne Zunftbauten, berühmte Fresken, die Münsterkirche sowie mehrere historische Brunnen bewundern können. Das historische Museum zu Allerheiligen im ehemaligen Benediktinerkloster Allerheiligen bietet Stücke aus der Ur- und Frühgeschichte bis zur modernen Malerei.

Wieder zurück zum Schaffhauser Ufer folgen Sie den Radtafeln »Rheinfall«, die Sie nun auf der rechten Seite des Rheins flußab leiten. Vorbei an einer mächtigen Hängebrücke erreichen Sie schließlich bei Neuhausen eine kleine Brücke, auf der Sie zum Ort *Flurlingen* übersetzen können. Dort wird gleich rechts abgebogen, schon bald radeln Sie in einem herrlichen Auwald in der Nähe des zügig dahinfließenden Rheins. Kurz vor dem Ziel muß noch kräftig nach oben gekurbelt werden, dann ist mit Schloß Laufen der Wendepunkt der Tour erreicht.

Für Fahrräder gibt es einen Parkplatz. Im Schloß Laufen bezahlen Sie den Eintritt. Stiegen führen hinunter bis direkt vor den rauschenden Wasserfall.

Für den Rückweg radeln Sie bis zur kleinen Brücke bei Flurlingen zurück. Nun könnten Sie auf das andere Flußufer übersetzen und den bekannten Weg bis Schaffhausen radeln. Doch als Alternative bietet sich die ausgeschilderte Route durch die nette Ortschaft *Flurlingen* mit ihren vielen

Dorfbrunnen an. Nach der Hängebrücke wechseln Sie schließlich wieder auf die andere Seite nach Schaffhausen. Radeln Sie nun flußauf bis zur nächsten Autobrücke, die zur Ortschaft *Feuerthalen* führt. Folgen Sie dieser Hauptstraße, der Sie nun längere Zeit treu bleiben, über den Rhein. Nach einem kurzen Anstieg geht's recht gemütlich nach Langwiesen. Danach dirigiert die Radtafel den Biker links die Klostergutstraße hinunter zum Gasthaus »Paradies«. Dort befindet sich auch eine Personen- und Fahrradfähre.

Der gut beschriftete Weg führt nun vorerst durch Wiesen und Felder und schließlich durch einen lichten Wald zum Ort *Diessenhofen*.

Obwohl der Ort mehrere gotische Bürgerhäuser, eine romantische Uferpromenade, zahlreiche Fachwerkbauten, den Siegelturm mit Treppengiebeln und eine überdachte hölzerne Brücke aufweisen kann, ist er von Touristen nicht überlaufen. In Diessenhofen lohnt es sich, sich zu überlegen, ob man den Rest der Strecke nach Stein am Rhein mit dem Schiff zurücklegt. Immerhin zählt eine Schiffahrt auf dem Hochrhein zu den schönsten Stromfahrten Europas. Die Radfahrt führt direkt durch das Dorfzentrum und verläßt den Ort durch das schöne Stadttor. Dann geht's für kurze Zeit entlang der ruhigen Dorfstraße oberhalb des Rheins nach Osten. Schon bald mündet der Weg in eine verkehrsreiche Straße.

Nach etwa 1,5 km lenken Radtafeln Sie wieder weg von den rasenden Autos. Der Seeuferweg führt nun immer abseits der Hauptstraße durch ein leicht hügeliges Gebiet bis nach Stein am Rhein. Achtung: Die Radmarkierungen sind öfters auf der Teerstraße aufgemalt.

Schon bald tauchen auf der anderen Uferseite die Weinberge auf. Schließlich unterqueren Sie die Straßen- und Eisenbahnbrücke nach Hemishofen, wo die Radtafel »Seeradweg« den Radreisenden geradeaus weist. Schließlich kommen Sie beim Zeltplatz/Minigolfplatz (Wagenhausen)

zur Hauptstraße, die Sie überqueren und auf einem kleinen Feldweg zur nächsten Querstraße radeln. Dort lenken Sie Ihren Untersatz nach links und schon bald befinden Sie sich in der Ortschaft *Wagenhausen* auf der Durchzugsstraße. Zum Ort Stein am Rhein folgen Sie einfach dem Radwegweiser, der sie über die Straße lenkt und dann nach einigem Zickzack bei der Rheinbrücke vor Stein am Rhein ausspuckt. Ist der Bahnhof ihr Ziel, radeln Sie auf der Hauptstraße rechts entlang und biegen dann abermals rechts in die Bahnhofstraße ein.

Auskunft:
- *Verkehrsbüro/Tourist-Service, Oberstadt 9, CH-8260 Stein am Rhein, Tel. 052/7412835, Fax 052/7415146.*
- *Tourist Service, Fronwagturm, CH-8201 Schaffhausen, Tel. 053/6255141, Fax 053/6255143.*

Anreise:
Mit dem Zug von Schaffhausen oder Rorschach nach Stein am Rhein.

Campingplätze:
- *Camping Orich, Stein am Rhein, Tel. 052/7413271.*
- *Campingplatz Hüttenberg, Eschenz (östlich von Stein am Rhein), Tel. 052/7412337.*
- *Camping Wagenhausen, Hauptstraße 82 (westlich von Stein am Rhein), Wagenhausen, Tel. 052/7414271.*
- *Camping Rheinwiesen, Schaffhausen-Langwiesen, Tel. 053/6593300.*
- *Camping Läui, Diessenhofen, Tel. 052/6571925.*

Jugendherbergen:

- Jugendherberge in Stein am Rhein, Tel. 052/7411255.
- Belair Schaffhausen, Randenstraße 65, Tel. 053/6258800.
- Jugendherberge beim Schloß Laufen am Rheinfall, Tel. 053/6596152.

Aktivitäten vor Ort:

- Stein am Rhein: Ballonfahrten, G. Lazzaretti, Tel. 052/7413064.
- Hochrhein: Von Stein am Rhein bis Schaffhausen ist es besonders schön mit einem Kajak oder Kanu zu fahren.
- Schaffhausen: Altstadtführungen, von Mai bis Oktober jeden Montag, Mittwoch und Freitag um 14.15 Uhr.
- Bademöglichkeiten am Hochrhein: Stein am Rhein in Richtung Hemishofen, Gailingen (Strandbad), Diessenhofen (Strandbad), mehrere Strandbäder in Schaffhausen; Wandern markierte Wege.

Veranstaltungen vor Ort:

- Rheinfall-Feuerwerk in Neuhausen am Rheinfall am 1. August.

Sehenswert:

- Stein am Rhein: Burg Hohenklingen; Puppenmuseum; Phonografen-Museum, täglich von 10–17 Uhr geöffnet; sehenswerte freskengeschmückte Häuser in der Altstadt; Klostermuseum St. Georgen; Insel Werd.
- Diessenhofen: Holzbrücke über den Rhein, sehenswerte Altstadt mit Stadttor.
- Schaffhausen: Rheinfall (auch Bootfahrt bis direkt zur schäumenden Gischt); Festungsbau Munot; Münster; Museum Allerheiligen (Kunstwerke aus der Altsteinzeit, Schlitten, Puppen, Puppenstuben, Sammlungen aus der Römer- und Alemannenzeit), geöffnet: Dienstag bis Sonntag, 10–12 und 14–17 Uhr, Eintritt frei.

Zusätzliche Radtouren:

Im Verkehrsbüro von Schaffhausen erhalten Sie eine Broschüre mit vier vorgestellten Radtouren rund um Schaffhausen.

Radverleih:

- Stein am Rhein; SBB, Bahnhof, Tel. 054/7412134.
- Schaffhausen: SBB, Bahnhof, Tel. 053/255431.

Tour 20: Sportliche Runde auf dem Seerücken

INFOS

Charakter: *Der langgezogene Seerücken, der bis zu 700 Meter hoch ist, begrenzt auf Schweizer Seite den Untersee gegen Süden. Dieser sportliche Radausflug, bei dem alle 320 Höhenmeter schon während der ersten acht Kilometer überwunden werden müssen, sollte keine Orientierungsprobleme zu lösen geben. Mit Ausnahme eines 2 km langen Forstweges werden ruhige Dorfstraßen benutzt. Für den Aufstieg ist Kondition und ein mehrgängiges Rad von Vorteil. Die rauschende Abfahrt verlangt gute Bremsen. Abgesehen vom Napoleonmuseum bei Salenstein und einem Besuch von Stein am Rhein, eine der besterhaltenen mittelalterlichen Orte der Schweiz, ist diese Reise hauptsächlich ein landschaftlicher Genuß: einsame Bauernsiedlungen, Wiesen, Wälder und eine phantastische Aussicht auf den Untersee.*

Länge: *29 km.*

Fahrzeit: *4–5 Stunden.*

Ausgangspunkt: *Ermatingen/Bahnhof.*

Höhe des Ausgangspunktes: *400 m.*

Routenverlauf: *Ermatingen Bhf. – Fruthwilen (4,5 km) – Reutenen (4 km) – Gündelhart (9,5 km) – Eschenz Bhf. (8 km) – Stein am Rhein Bhf. (3 km)*

Höchster Punkt: *719 m.*

Höhenunterschied: *320 m.*

Konditionelle Anforderungen: *sportlich.*

Anschlußtouren: *Tour 18, 19 und 21 (ab Stein/Rhein).*

Karte: *Kompaß Wanderkarte, Bodensee-West (1:50.000), Blatt 1a.*

Radeln Sie vom Bahnhof in *Ermatingen* rechts zur Vorrangstraße. Wer ein wenig den See genießen möchte, sollte nun die Straße hinabfahren, sie führt direkt zum Hafen. Sonst tritt man links hinauf zur Hauptstraße, der man rechts folgt. Durch das Örtchen Ermatingen kommen Sie an zahlreichen malerischen Fachwerkhäusern vorbei, die meist aus der Reformationszeit stammen. Nachdem Sie die Straße aus dem Dorf hinausgetragen hat, taucht schon bald das Hinweisschild zum Napoleonmuseum auf. Folgen Sie ihm links bergauf. Für Bergradler geht es jetzt so richtig zur Sache.

Zuerst erreichen Sie *Salenstein*, dann lenken die Tafeln den Besucher weiter nach Westen zum Schloß Arenenberg, in dem sich das Napoleonmuseum befindet.

Das Schlößchen liegt in einem romantischen Park und sieht eher einer schönen Villa ähnlich. Villa oder Schloß – auf jeden Fall haben sich hier berühmte französische Flüchtlinge zeitweise niedergelassen. Neben dem Teesalon und dem Billardzimmer, kann auch das Arbeitszimmer des Prinzen Bonaparte besichtigt werden. Allerlei Büsten stehen auf den Tischchen und selbst der Nachttopf des Prinzen sowie ein wertvolles Rosenholzklavier heischen nach Aufmerksamkeit. Kritik an den Machtgelüsten der Napoleoniden wird der Besucher jedoch vergeblich suchen.

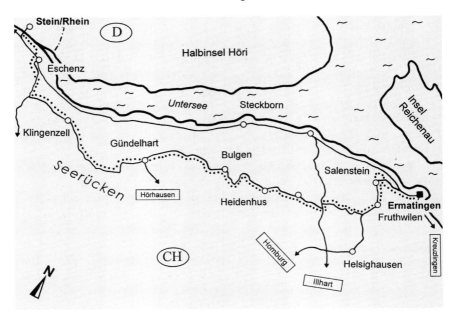

Für die Weiterfahrt radelt man nun geradeaus hinauf bis zum Zentrum von Salenstein und folgt dort links der Tafel nach *Fruthwilen,* wo Sie im Ort auf der Vorrangstraße rechts weiterfahren. Über

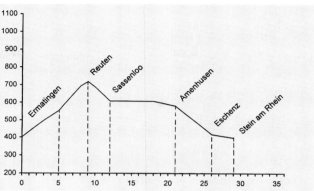

einen steilen Aufschwung erreichen Sie den Ortsteil Oberfruthwilen, an dessen Ende einem ein kurzes flaches Straßenstück gegönnt wird. Doch die Verschnaufpause dauert nur wenige Meter, denn dort, wo die Straße flach ist, zweigt rechts ein Kiesweg ab. Er führt durch eine Wiese zum Wald hin. Die Forststraße leitet den Bergradler (ohne mehrgängiges Bike heißt es schieben) nach 1 km bis zu einer Waldhütte, wo vier Straßen zusammentreffen. Fahren Sie links weiter, schon bald treten Sie aus dem Wald heraus und erreichen bei Renental (Bauernhaus) die Teerstraße. Hier radeln Sie kurz links zur Kreuzung, dann pedalieren Sie rechts weiter. Bis zur Ortschaft *Reutenen* müssen Sie noch mit einer kleinen Steigung rechnen. Doch dann haben Sie es geschafft. Mit Ausnahme von zwei kleinen Steigungen geht es nur noch abwärts.

Hinter Salen halten Sie sich bei der Weggabelung in Richtung *Heiden-*hus, wo Sie beim Gasthaus Heidenhus der Hinweistafel Bulgen folgen. Durch die kleinen Siedlungen Muren und Sassenloo können Sie die Räder hinuntersausen lassen. Nach Sassenloo müssen Sie sich rechts halten, schon rauschen Sie in *Bulgen* ein, wo Sie bei der Kreuzung geradeaus rollen und alsbald die Hauptstraße erreichen. Nach dem Überqueren der Vorrangstraße müssen Sie etwas bergauf radeln, doch nach der vorangegangenen vergnüglichen Abfahrt dürfte dies keine Probleme mehr bereiten.

Jetzt heißt es auf Gündelhart zuhalten. Die schmale Teerstraße schlängelt sich unter leichtem Auf und Ab durch Wiesen und Felder nach *Gündelhart,* wo Sie bei der Kirche in Richtung »Oberholz« abzweigen. Achtung, sollte die Straße recht steil abwärtsführen, ist es die falsche. Der schmale Weg nach Oberholz führt sanft bergab, später durch einen Wald. Nach einer großen Linkskurve biegen Sie rechts in eine Teerstraße ein. Bei den nächsten zwei Kreuzungen lassen Sie es geradeaus rollen. Verlassen Sie sich einfach auf die Wegweiser nach Klingenzell und Amenhusen. Eine 200 Meter lange Steigung ist schnell überwunden, dann kann man ab *Klingenzell* wunderbar die Aussicht auf den Untersee genießen, Weinberge breiten sich aus und Stein am Rhein sieht man aus der Vogelperspektive. Lassen Sie Ihr Rad nicht zu schnell hinunterrollen, denn die Straße ist bis hinunter zur Hauptstraße, wo es rechts weitergeht, recht abschüssig. Schon trudeln Sie in Eschenz ein, wo Sie vor der Schranke auf den Seeuferweg stoßen. Rechts könnten Sie ihm zum Bahnhof und dann bis Kreuzlingen folgen. Dieser Routenvorschlag führt Sie über die Geleise und die Hauptstraße. Schon taucht das erste Wanderschild nach Stein am Rhein auf, das Sie rechts in die Lindenstraße lenkt. Durch eine Wiese gelangen Sie zu einer Häuseransammlung, wo rechts der Fußweg zur Insel Werd abzweigt. Die Radfahrt geht aber auf dem Rheinweg geradeaus hinunter zum See. Schon bald taucht am gegenüberliegenden Ufer das historische Städtchen *Stein am Rhein* auf, das sich von hier aus besonders schön präsentiert. Der Seeweg endet bei der Rheinbrücke: Links hinauf erreichen Sie eine Kreuzung, wo Sie kurz rechts

und dann links in die Bahnhofstraße einbiegen, der Bahnhof ist nach wenigen Metern erreicht. Rechts gelangen Sie direkt in die sehenswerte mittelalterliche Altstadt, wo man in einem Straßenrestaurant gemütlich die Reise ausklingen lassen kann. Auf dem Rathausplatz konkurrieren eine Vielzahl bunt bemalter Häuser um die Aufmerksamkeit der Touristen. Auf das größte Interesse stößt das zwischen 1539 und 1542 erbaute Rathaus, das auf allen vier Seiten mit Fresken überhäuft ist. Mitten auf dem Rathausplatz plätschert der Dorfbrunnen, auf dessen Mittelsäule die Statue eines eidgenössischen Soldaten steht. Wenn Sie noch genügend Zeit haben, sollten Sie dem phonographischen Museum (Plattenspieler, Grammophone und Radios aus Omas Zeiten) oder dem Puppenmuseum (600 Puppen geben Auskunft über das Modebewußtsein von anno dazumal) einen Besuch abstatten. Über die bürgerliche Wohnkultur und die Landwirtschaft im 19. Jahrhundert informiert das Museum Lindwurm. Oder spazieren Sie einfach am Ufer des Hochrheins, falls Sie noch genügend Kraft in den Beinen haben, lohnt natürlich auch die Auffahrt zur Burg Hohenklingen, dabei müssen Sie 190 Höhenmeter überwinden.

Auskunft:

- Verkehrsverein, Hauptstraße 114, CH-8272 Ermatingen, Tel./Fax 072/6641909.
- Verkehrsbüro/Tourist-Service, Oberstadt 9, CH-8260 Stein am Rhein, Tel. 052/7412835, Fax 052/7415146.

Anreise:

Mit dem Zug von Schaffhausen oder Kreuzlingen nach Ermatingen. Mit dem Schiff von Kreuzlingen nach Ermatingen. Wer mit dem Fahrrad von Kreuzlingen nach Ermatingen möchte, benötigt für die Fahrt dorthin (auf dem Radweg) neun Kilometer.

Campingplätze:

- Campingplatz Hüttenberg, Eschenz, Tel. 052/7412337.
- Camping Wagenhausen, Hauptstraße 82 (westlich von Stein am Rhein), CH-8260 Wagenhausen, Tel. 052/7414271.

Jugendherbergen:

- Jugendherberge in Stein am Rhein, Tel. 052/7411255.

Aktivitäten vor Ort:

- Strandbäder in Ermatingen, Eschenz und Stein am Rhein.
- Stein am Rhein: Ballonfahrten, G. Lazzaretti, Tel. 052/7413064.
- Hochrhein: Von Stein am Rhein bis Schaffhausen ist es besonders schön mit einem Kajak oder Kanu zu fahren.

Sehenswert:

- Ermatingen: Fischereimuseum an der Schiffslände; schöne Riegelhäuser.
- Arenenberg: Schloß Arenenberg mit Napoleon-Museum, geöffnet dienstags bis sonntags von 10–17 Uhr.
- Stein am Rhein: Burg Hohenklingen; Puppenmuseum; Phonografen-Museum, täglich von 10–17 Uhr; sehenswerte freskengeschmückte Häuser in der Altstadt; Klostermuseum St. Georgen; Insel Werd.

Radverleih:

- Ermatingen: SBB, Bahnhof, Tel. 071/6641640.
- Stein am Rhein: SBB, Bahnhof, Tel. 054/7412134.

Tour 21: Der Untersee – Von Stein am Rhein nach Kreuzlingen

INFOS

Charakter: *Am Schweizer Ufer des Unterrheins führt auf den zahlreichen neu errichteten Radwegen die Reise von Stein am Rhein nach Kreuzlingen. Nur noch wenige Kilometer muß auf der stark befahrenen Straße geradelt werden. Die Wege auf der ersten Hälfte der Tour sind am Hang angelegt und ermöglichen einen herrlichen Rundblick auf den See und die Halbinsel Höri.*

Während zu Beginn mit etwas Auf und Ab gerechnet werden muß, erwartet den Radler auf der zweiten Hälfte der Tour nur noch eine gemütliche Radfahrt. Die gesamte Strecke, die abwechselnd eine geteerte oder schottrige Oberflächenbeschaffenheit aufweist, ist als Seeuferradweg hervorragend ausgeschildert. Die Schweizer Orte mit ihren Riegelhäusern, Gottlieben mit der Drachenburg und Stein am Rhein mit seiner Altstadt sind die »Bijous« auf dieser Reise.

Länge: *30,5 km.*

Fahrzeit: *3–4 Stunden.*

Ausgangspunkt: *Stein am Rhein/Bahnhof.*

Höhe des Ausgangspunktes: *410 m.*

Routenverlauf: *Stein am Rhein Bhf. – Eschenz Bhf. (3 km) – Mammern (3,5 km) – Steckborn (6 km) – Ermatingen Bhf. (9 km) – Gottlieben (5 km) – Kreuzlingen Bhf. (4 km)*

Höchster Punkt: *440 m.*

Höhenunterschied: *50 m.*

Konditionelle Anforderungen: *leicht.*

Anschlußtouren: *Tour 18 und 19 (ab Stein/Rhein); Tour 22 (ab Kreuzlingen); Tour 20 (ab Ermatingen).*

Karte: *Kompaß Wanderkarte, Bodensee-West (1:50.000), Blatt 1a.*

Wenn Sie mit dem Zug in Stein am Rhein ankommen, radeln Sie geradeaus zur Hauptstraße, folgen dieser wenige Meter, um hernach links zur Rheinbrücke hinunterzufahren. Auf der anderen Uferseite befindet sich das mittelalterliche Städtchen *Stein am Rhein*, dem Sie unbedingt einen Besuch abstatten sollten.

Ansonsten fahren Sie vor der Brücke rechts in den »Rhyweg« hinein. Sobald Sie am Ufer sind, lohnt es sich ein wenig stehenzubleiben und einen Blick hinüber auf Stein am Rhein zu werfen, dessen Häuser sich ganz nahe ans Rheinwasser schmiegen; ausführliche Infos finden Sie unter Tour 20. Der ungeteerte Weg führt schon bald vom Ufer weg und dann vorbei an der Insel Werd, die man über eine Holzbrücke erreichen kann. Auf ihr befindet sich die im 8. Jahrhundert erbaute St.Otmar-Kapelle. Laut gelber Wandertafel radelt man auf dem Rheinweg geradeaus. Nach wenigen Metern gabelt sich die Straße. Die Tour wird rechts auf der Lindenhofstraße fortgesetzt, die den Radler zur Hauptstraße hinauflotst. Fahren Sie geradeaus weiter, in weiterer Folge über die Geleise und dann gleich links ab. Hinweistafeln informieren Sie, daß Sie sich nun auf dem Seeuferweg nach Kreuzlingen befinden. Vorbei am Bahnhof *Eschenz* werden Sie von Radtafeln und Bodenmarkierungen aus dem Dorf hinausdirigiert.

Nach einer Steigungspassage schmiegt sich der Schotterweg zwi-

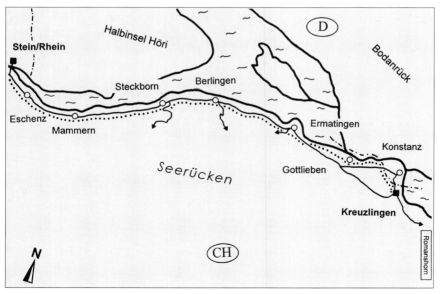

schen Bahndamm und Apfelplantagen. Von der Höhe haben Sie dabei
einen schönen Blick auf den Untersee,
die Halbinsel Höri und den Schiener
Berg. Der Bahnhof bei *Mammern* ist
bald erreicht. Nun lenken die Radtafeln die Reisenden in die Hauptstraße, auf der Sie den Ort verlassen.
Schon bei der nächsten Schrankenanlage verlassen Radler die Hauptstraße
und biken auf einem guten Schotter-
band entlang der Bahn. Nicht lange
darf auf dem neuen Radweg gefahren werden, schon bald müssen Sie
rechts hinauf zur Hauptstraße treten
und auf dieser bis kurz vor Steckborn
entlangfahren. Die Radwegeplaner
haben für die nächsten zwei Kilometer noch keine ruhige Alternative
gebaut. Also müssen Sie mit den
Autos im Nacken bis zur nächsten
Bahnüberquerung rollen, wo ein Radweg Sie aufnimmt und direkt zum
Bahnhof von *Steckborn* leitet.
Hier sollten Sie es sich nicht nehmen
lassen, die zahlreichen Riegelhäuser,
die Altstadt und das Rathaus anzuschauen. Zudem lädt das Heimatmuseum, das im fünfgeschossigen Turmhof untergebracht ist, wissensdurstige
Besucher ein.
Bis zum nächsten Ort müssen Sie auf
der Seeseite neben der Straße auf
einem Radbegleitweg fahren. *Berlingen* reicht als kleine Halbinsel in den
See hinein. Mit der gotischen Kirche
und ihrem Spitzturm präsentiert sich
Berlingen gekonnt. Zum letztenmal
müssen Sie wieder mit den Autos den
Weg teilen, bis die Seestraße einmal
mehr die Bahnlinie kreuzt und die
Radtafeln den Pedaleur links auf
einem Radweg bis nach *Mannen-
bach* lotsen.
Hier sollten Sie den Radweg kurz verlassen und den steilen Weg durch
Weinreben hinauf zum Schloß Arenenberg strampeln. Die Anstrengung
wird durch das Napoleon-Museum
und die phantastische Aussicht
belohnt; Genaues zum Museum siehe
Tour 20.

Wieder zurück
auf dem Seeufer-
weg, folgen
Sie diesem nun
bis nach *Ermat-
ingen*. Das
Fischerdorf hat
etwa 2400 Ein-
wohner und
besitzt Rebber-
ge, die eine
nordwestliche
Lage haben.

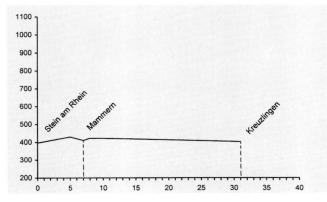

Doch Dank des milden Seeklimas kann auch in dieser eher ungünstigen Lage ein guter Wein angebaut werden.

Eine weitere Spezialität von Ermatingen sind gebackene »Groppen«, eine Raubfischart die im Bodensee vorkommt.

Wenn der Radweg in Ermatingen auf die Schiffländestraße stößt, können Sie links hinab zum Hafen radeln; auf der anderen Uferseite befindet sich die Insel Reichenau. Für die Weiterfahrt überqueren Sie aber die Querstraße und halten sich gleich rechts. Über die Horn- und Riedstraße verlassen Sie das Fischerörtchen, nähern sich dem Bahndamm und folgen dem Schienenstrang linksseitig auf gutem Kiesweg.

Erst kurz vor dem Ortsanfang von *Gottlieben*, der kleinsten Gemeinde der Schweiz, verläßt der Radweg den Bahndamm und zieht an Gemüsefeldern vorbei. Bei der Querstraße halten Sie sich kurz links und fahren dann rechts.

Bevor Sie allerdings nach Kreuzlingen weiterfahren, sollten Sie sich noch etwas Zeit für Gottlieben nehmen. Besonders die Drachenburg, ein mehr als 350 Jahre alter Fachwerkbau, dessen Dachrinnen mit Drachenköpfen geschmückt sind, ist eine Besichtigung wert. Erker mit Zwiebeltürmchen geben dem Bau ein verzaubertes Aussehen. Doch Gottlieben ist voll von schönen Fachwerkbauten. Es lohnt sich, am Ufer ein wenig auszu-

ruhen. Die Wasserburg kann leider nicht besichtigt werden, Sie liegt in einem schönen Park und ist in Privatbesitz.

Von der Seepromenade in Gottlieben kommend, halten Sie sich nach der Drachenburg links, die Radsymbole leiten Sie schon bald ans schattige Ufer heran und später auf eine Vorrangstraße. Fahren Sie links weiter bis zum Zollamt, wo rechts entlang des Grenzzaunes ein Radweg den Reisenden aufnimmt. Der Weg mündet in eine Teerstraße, der Sie geradeaus folgen. Nach einer Rechtskurve mündet die dieser Grenzbachweg in die Tägermoosstraße, der Sie links bis zur Konstanzerstraße folgen. Links können Sie nach Konstanz übersetzen. Um das Ziel der Reise zu erreichen, biken Sie in die Straße rechts, nach der Querung der Bahngeleise biegen Sie links in die Bahnhofstraße ein. Zum Bahnhof von *Kreuzlingen* sind es nur noch wenige Meter; mehr Infos über Kreuzlingen siehe Tour 22.

Auskunft:
● Verkehrsbüro/Tourist-Service, Oberstadt 9, CH-8260 Stein am Rhein, Tel. 052/7412835, Fax 052/7415146.
● Verkehrsverein, Hauptstraße 39, CH-8280 Kreuzlingen, Tel. 071/6723840, Fax 071/6721736.

Anreise:
Mit dem Zug von Schaffhausen oder Kreuzlingen nach Stein am Rhein. 500 Meter nach Stein am Rhein in Richtung Hemishofen gibt es einen Gratisparkplatz.

Campingplätze:
● Campingplatz Hüttenberg, Eschenz, Tel. 052/7412337.
● Camping Wagenhausen, Hauptstraße 82 (westlich von Stein am Rhein), CH-8260 Wagenhausen, Tel. 052/7414271.
● Camping Fischerhaus, Promenadenstraße 152, CH-8280 Kreuzlingen, Tel. 071/6884903.

Jugendherbergen:
● Jugendherberge in Stein am Rhein, Tel. 052/7411255.
● Jugendherberge Hörnliberg, Promenadenstraße 7, CH-8280 Kreuzlingen, Tel. 071/6882663.

Aktivitäten vor Ort:
● Strandbäder in Ermatingen, Eschenz und Stein am Rhein.
● Stein am Rhein: Ballonfahrten, G. Lazzaretti, Tel. 052/7413064.
● Hochrhein: Von Stein am Rhein bis Schaffhausen ist es besonders schön mit einem Kajak oder Kanu zu fahren.

Sehenswert:

- *Ermatingen: Fischereimuseum an der Schiffslände; schöne Riegelhäuser.*
- *Arenenberg: Schloß Arenenberg mit Napoleon-Museum, offen von Dienstag bis Sonntag, 10–17 Uhr.*
- *Stein am Rhein: Burg Hohenklingen; Puppenmuseum; Phonografen-Museum, täglich von 10–17 Uhr; sehenswerte freskengeschmückte Häuser in der Altstadt; Klostermuseum St. Georgen; Insel Werd.*
- *Steckborn: Heimatmuseum im Turmhof; geöffnet: Mittwoch, Donnerstag, Samstag und Sonntag, 15–17 Uhr.*
- *Kreuzlingen: Seemuseum Kornschütte (Ausstellung zu den Themen Schiffahrt und Handel, Fischerei, Fischkunde, Seenforschung, Gewässerschutz, Tourismus), geöffnet: Juli/August, täglich außer Montag, 14–18 Uhr, Info: Tel. 071/6885242; Puppenmuseum Jeannine auf dem Girsberg, Mittwoch und Sonntag von 14 bis 18 Uhr oder nach telefonischer Vereinbarung, Tel. 071/6724655; Basilika St. Ulrich, ehemaliges Kloster Kreuzlingen; Heimatmuseum Rosenegg; Feuerwehrmuseum.*

Radverleih:

- *Stein am Rhein: SBB, Bahnhof, Tel. 054/7412134.*
- *Kreuzlingen: SBB, Bahnhof, Tel. 071/6724384.*

Tour 22: Von Kreuzlingen zum Ottenberg

INFOS

Charakter: *Das reizvolle Hinterland der modernen Stadt Kreuzlingen mit seinen Wiesen, Feldern, Obstplantagen und Waldgebieten bietet auch für Radfahrer ideale Möglichkeiten abseits des Bodensees zu radeln. Der hier vorgestellte Ausflug führt hinauf zum Ottenberg, bis dorthin müssen zwei kräftige Anstiege in Kauf genommen werden. Doch der Blick aufs Voralpenland, den Säntis und andere mächtige Gipfel der Alpen sowie die urigen, kleinen Dörfer an der Strecke lohnen die Mühe. Auf der Rückfahrt geht's dafür nur noch abwärts.*
Die Strecke verläuft größtenteils über einsame geteerte Wege, die gut zu finden sind. Nur zwischen Bommen und Kreuzlingen radelt man auf einer guten Forststraße. Ein kurzer Abstecher in die sehenswerte Stadt Konstanz ist problemlos möglich.

Länge: *29 km.*

Fahrzeit: *4–5 Stunden.*

Ausgangspunkt: *Kreuzlingen/Bahnhof.*

Höhe des Ausgangspunktes: *400 m.*

Routenverlauf: *Kreuzlingen Bhf. – Bottighofen Bhf. (3,5 km) – Lengwil (2,5 km) – Oberhofen (0,5 km) – Graltshausen (3 km) – Berg (1,5 km) – Stelzenhof (4 km) – Hugelshofen (4 km) – Alterswilen (4 km) – Kreuzlingen Bhf. (6 km)*

Höchster Punkt: *675 m.*

Höhenunterschied: *290 m.*

Konditionelle Anforderungen: *mittel bis sportlich.*

Anschlußtouren: *Tour 20 (ab Ermatingen); Tour 15 und Tour 16 (beide ab Konstanz).*

Karte: *Kompaß Wanderkarte, Bodensee West (1:50.000).*

Bevor Sie die Tour in Angriff nehmen, bietet sich in *Kreuzlingen* ein Besuch des Feuerwehr- und Heimatmuseums Rosenegg oder des Puppenmuseums auf dem Girsberg an. Die Reise beginnt man am besten beim Bahnhof Kreuzlingen. Schwingen Sie sich in den Sattel und pedalieren Sie links auf die Bahnhofstraße. Die Kreuzung überquerend, setzen Sie die Fahrt geradeaus auf der Hafenstraße fort. Nach einer langgezogenen Rechtskurve nützen Sie die erste Möglichkeit (kurz vor dem Hafenbahnhof), die Gleise zu queren und schwenken danach sofort rechts in einen kleinen Weg ein. Damit befinden Sie sich auf dem gut ausgeschilderten Seeuferweg. Deutsche Bürger können diese Tour natürlich auch von Konstanz aus beginnen. Dazu fahren Sie beim Bahnhof rechts zum Informations-

büro, dort gelangt man mittels Unterführung zu den Seeanlagen und dem Hafen. Fahren Sie nun rechts auf der Hafenstraße bis zur Grenze, wo Sie zur Schweiz übersetzen. Lenken Sie Ihr Rad nun einfach links auf der Seestraße weiter, damit befinden Sie sich bereits auf dem gut beschilderten Seeuferweg. Dort, wo die Seestraße die Geleise überquert (die Radler vom Kreuzlinger Bahnhof stoßen hier dazu), leiten Sie die Radschilder links weg und dann an den Seeburgpark. Dieser Park, in dem auch ein Tiergehege und eine Storchenstation untergebracht sind, ist einer der schönsten Anlagen am Bodensee. Blickfang ist die Seeburg, der ehemalige Sommersitz der Konstanzer Bischöfe. Im Kornhaus befindet sich das Seemuseum. Dort erfahren Sie Wissenswertes über die Schiffahrt, Fischerei, Fisch-

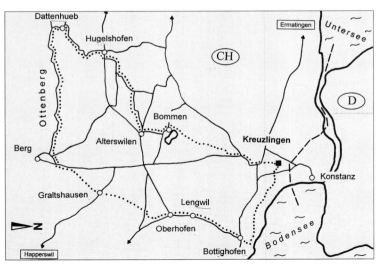

kunde, Seenforschung sowie Handel und Gewässerschutz.

Die Tour führt nun weiter vorbei am Campingplatz und Kreuzlinger Freibad; hier bietet sich ein erfrischendes Bad im Bodensee an. Nachdem sich der Radweg dem Bahndamm genähert hat, sind es nur noch wenige Meter bis zur Haltestelle *Kurzrickenbach/Bottighofen*. Hier verlassen Sie den Seeradweg, überqueren die Geleise und radeln den Weg hinauf bis zur Hauptstraße, wo sich das Zentrum von Bottighofen befindet. Die Reise geht geradeaus weiter. Auf den nächsten 2,5 km müssen einige Höhenmeter gemeistert werden, nur gut, daß die Muskeln schon warmgelaufen sind. Bleiben Sie hin und wieder stehen und blicken Sie auf den See hinaus und hinüber auf das deutsche Ufer, wo man das Neue Schloß von Meersburg gut ausmachen kann.

Radeln Sie auf der Hauptstraße durch den kleinen Ort *Lengwil* (ab hier ist ein Radstreifen vorhanden) bis *Oberhofen*, wo Sie vorerst der Tafel links nach Illighausen folgen. Schon nach 400 m muß das Velo in einen ruhigen geteerten Weg gelenkt werden. Die weiße Wandertafel »Graltshausen« weist Sie bei der ersten Querstraße kurz rechts, dann links in einen schmalen Teerweg. Jetzt geht's

– flankiert von Wäldern, Streuobstwiesen und Äckern – geradeaus immer leicht ansteigend bis nach *Graltshausen*.

Hier nehmen Sie die zweite Abzweigung links in Richtung »Berg« und gelangen zur Hauptstraße. Ein weiteres Hinweisschild nach Berg, läßt den Radler die Tour geradeaus fortsetzen. Schließlich mündet der ruhige Weg in eine verkehrsreiche Hauptstraße, auf der es links nach *Berg* weitergeht. Die Geleise überquerend gelangen Sie zur Abzweigung nach Engelswilen und Dotnacht. Besucher

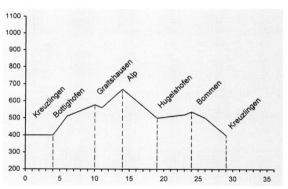

dieser zwei kleinen Bauerndörfer müssen schon bald rechts abbiegen, die Strecke dieser Tour führt aber noch einige Meter geradeaus weiter, bis eine Tafel mit der Aufschrift »Ottenberg« Sie rechts in die gleichnamige Straße dirigiert.

Jetzt muß zum zweitenmal auf dieser Tour kräftig in die Pedale getreten werden. Auf den nächsten 2 km haben Sie 100 Höhenmeter zu über-

winden, dabei radelt man größtenteils auf verkehrsarmer Straße durch einen schattigen Wald. Sobald der Weg aus dem Wald herausführt, wird es flacher und Sie können durch saftige Wiesen und vorbei an einsamen Bauernhöfen radeln. Von hier aus haben Sie einen schönen Fernblick nach Süden: Die Alpen mit dem Säntis beherrschen den Horizont. Schon bald führt der Weg talwärts, beim Gasthaus Stelzenhof haben Sie die Möglichkeit einzukehren. Sonst rollt man geradeaus hinab, vorbei an einem Waldlehrpfad, dann auf einer Kiesstraße durch den Wald. Am Ende des Waldes zweigt rechts ein Weg ab, den Sie hinauftreten, um dann das Rad hinunter nach Dattenhueb rollen zu lassen. Nach den wenigen Häusern läßt die Wandertafel »Hugelshofen« den Radler rechts auf einem Kiesweg weiterfahren. Steuern Sie das Gehöft an, am Haus vorbei und dann hinunter, wo Sie nach wenigen Metern von einer Teerstraße aufgenommen werden. Auf ihr können Sie jetzt flott hinunter nach Hugelshofen flitzen, nur noch eine scharfe Linkskurve bremst die Talfahrt. Dann ist bei einem Dorfbrunnen und einladenden Gasthaus der Ort *Hugelshofen* erreicht.
Lenken Sie Ihren Speichengaul nach rechts, doch nicht lange verbleiben Sie auf der Dorfstraße, denn bei der Abzweigung nach »Sperbersholz« geht's links ab. Durch Obstplantagen können Sie es wieder gemütlich

abwärtsrollen lassen. Nach einer Rechtskurve nähern Sie sich einer Weggabelung, bei der Sie links weiterradeln. Der Weg trägt Sie an den wenigen Häusern und an einem Reitstall vorbei zur Abzweigung nach »Alterswilen«. Gemäß Wandertafel radeln Sie also rechts weiter. Der Weg kurvt durch ein kleines Bauerndörfchen und mündet dann in eine Dorfstraße, auf der Sie rechts in das nahe *Alterswilen* weiterfahren. Vor der Kirche wenden Sie nach links und halten auf Bommen zu. Nochmals muß einige Meter hinaufgestrampelt werden, doch dann empfängt Bommen den Radler mit seinen schönen Fachwerkhäusern. Im Dorf biegen Sie links ab und gelangen sogleich hinunter zum romantischen Bommer Weiher, wo Sie bei der scharfen Linkskurve rechts in den Kiesweg einbiegen. Vertrauen Sie sich nun den Wandertafeln nach Kreuzlingen an. Nach 200 Meter geht es geradeaus, in den Wald hinein, bald durch ein kleines Wiesenstück und abermals in den Wald. Mit dem Forstweg machen Sie nun eine Rechtskurve und nach wenigen Metern ist die Hauptstraße erreicht. Auf ihr gelangt man zuerst sanft dann flott hinab direkt nach Kreuzlingen, wo Sie beim Kreisverkehr auf der zweiten Straße rechts bis zum Kolloseumplatz weiterrollen. Dort halten Sie sich geradeaus (Wegweiser »Bahnhof«) und folgen der Nationalstraße bis zum Kreuzlinger Bahnhof.

Auskunft:
- Verkehrsverein, Hauptstraße 39, CH-8280 Kreuzlingen, Tel. 071/6723840, Fax 071/6721736.

Anreise:
Mit dem Zug von Rorschach, Zürich oder Schaffhausen nach Kreuzlingen. Deutsche Staatsbürger gelangen über Konstanz nach Kreuzlingen.

Campingplätze:
- Fischerhaus, Promenadenstraße 152, CH-8280 Kreuzlingen, Tel. 071/6884903.

Jugendherbergen:
- Jugendherberge Hörnliberg, Promenadenstraße 7, CH-8280 Kreuzlingen, Tel. 071/6882663 (auch Fahrradverleih).

Aktivitäten vor Ort:
- Ballonfahrten in Bottighofen, Keller Balloon-Crew, Tel. 071/6886475. Strandbad zwischen Kreuzlingen und Bottighofen.

Sehenswert:
- Kreuzlingen: Seemuseum Kornschütte (Ausstellung zu den Themen Schiffahrt und Handel, Fischerei, Fischkunde, Seenforschung, Gewässerschutz, Tourismus), Juli/August täglich außer Montag von 14–18 Uhr, Info: Tel. 071/6885242; Puppenmuseum Jeannine auf dem Girsberg, Mittwoch und Sonntag von 14–18 Uhr oder nach telefonischer Vereinbarung, Tel. 071/ 6724655; Basilika St. Ulrich, ehemaliges Kloster Kreuzlingen; Heimatmuseum Rosenegg; Feuerwehrmuseum.

Zusätzliche Radtouren:
1. Abstecher nach Konstanz, Stadtbesichtigung.
2. Auf dem Seeuferradweg nach Gottlieben zur Drachenburg, hin und retour zirka 18 Kilometer.

Radverleih:
- Kreuzlingen: SBB, Bahnhof, Tel. 071/6724384. Velodrom Bodensee, Kirchstraße 1, Tel. 071/6723011.

Tour 23: Mostindien – Romanshorn, Bottighofen und retour

Charakter: *Diese Tour führt ins Hinterland des Thurgaus, wo saftige Wiesen, lichte Wäldern, bunte Äcker und Obstplantagen sich ständig abwechseln. Kennzeichnend für diese Landschaft sind die zahlreichen Streuobstwiesen; die Äpfel und Birnen werden zur Mosterzeugung verwendet.*
Im Hinterland wird auf Landstraßen von einem kleinen Bauerndorf zum anderen geradelt, nur während der Feierabendzeit muß mit vermehrtem Autoverkehr gerechnet werden. Die Streckenfindung ist dank der zahlreichen Hinweisschilder nicht schwierig. Der Radler muß allerdings mit einem ständigen leichten Auf und Ab rechnen.
Die zweite Hälfte der Tour führt in Sichtweite des Bodenseeufers zurück zum Ausgangspunkt. Der Seeuferweg ist als Radstrecke gut ausgeschildert und weist keine Steigungen mehr auf, gerade richtig, um die Reise ausklingen zu lassen.

Länge: *42 km.*

Fahrzeit: *5–6 Stunden.*

Ausgangspunkt: *Romanshorn/Bahnhof.*

Höhe des Ausgangspunktes: *400 m.*

Routenverlauf: *Romanshorn Bhf. – Hatswil (5 km) – Hefenhofen (5,5 km) – Oberaach (3 km) – Kümmertshausen (2,5 km) – Buch (1 km) – Andwil (1,5 km) – Klarsreuti (3 km) – Illighausen (2,5 km) – Altnau Bhf. (5,5 km) – Uttwil (8 km) – Romanshorn Bhf. (4,5 km)*

Höchster Punkt: *560 m.*

Höhenunterschied: *190 m.*

Konditionelle Anforderungen: *mittel.*

Anschlußtour: *Tour 24 (ab Romanshorn).*

Karte: *Kompaß Wanderkarte, Bodensee Gesamtgebiet (1:75.000), Nr. 1c. VCS-Velokarte, Bodensee-Thurgau (1:60.000).*

INFOS

Wenn Sie mit der Fähre von Friedrichshafen in *Romanshorn* ankommen, radeln Sie geradewegs zum Bahnhof, wo die Tour beginnt. Dort lenken Sie Ihr Gefährt zuerst entlang der Geleise, überqueren diese und fahren zum Hafen. Wollen Sie die Alte Kirche auf dem Schloßberg besichtigen, dann sollten Sie vor dem Hafen beim Dorfbrunnen links abbiegen. Anschließend führt die Kirchgasse rechts hinauf direkt zur Kirche. Sie stammt aus dem 8. Jahrhundert und im Sommer werden dort beachtenswerte Konzerte geboten. Romanshorn hat nicht sehr viele alte Gebäude, die meisten sind in den letzten Jahrhunderten leider den Flammen zum Opfer gefallen.

Wieder zurück beim Bahnhof, fahren Sie dort die Bahnhofstraße hinauf bis zur großen Kreuzung; diese soll schon bald zum Kreisverkehr umgebaut werden. Dort nehmen Sie die Amriswilerstraße geradeaus, sobald Hinweisschilder mit der Aufschrift »Waldschenke und Schießplatz« auftauchen, folgen Sie diesen rechts und dann links.

(Wenn Sie keinen guten Orientierungssinn haben und Ihnen nicht danach zumute ist, einige Haken durch den Wald zu schlagen, dann radeln Sie einfach auf der Hauptstraße bis Hatswil. Dort wo der Weg rechts nach Chressibuech abbiegt, stoßen auch die Waldbiker dazu; die Tafel ist leider nur aus der Gegenrich-

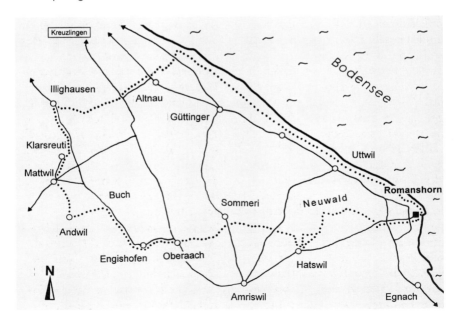

tung sichtbar.)
Ansonsten geht's
beim Schießstand
geradeaus. Aber
Achtung! Wenn die
Schranke zu ist,
sind Schießübungen
angesagt. In so
einem Fall müssen
Sie sowieso auf der
Hauptstraße nach
Hatswil radeln. Nor-
malerweise aber ist

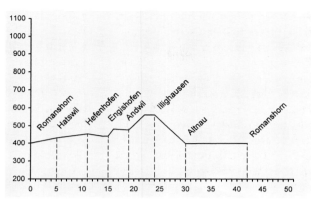

der Zufahrt zum Neuwald offen.
Bei der ersten Weggabelung im
Wald halten Sie sich rechts, die Forststraße macht eine starke Rechtskurve
und mündet in einen Querweg, dem
links gefolgt wird. Bei der kommen-
den Gabelung halten Sie sich rechts,
passieren einen Holzlagerplatz und
erreichen schließlich die Waldschenke (Kinderspielplatz und Verkösti-
gung), bei der Sie gemäß der Tafel
»Hatswil« rechts abbiegen. Am Ende
des Weges (kein Hinweisschild) setzen Sie ihre Fahrt links fort und rollen
bei der nächsten Gelegenheit rechts
weiter. Schon nach wenigen Metern
öffnet sich der Wald und die ersten
Häuser von *Hatswil* tauchen auf.
Wenn Sie der Orientierungssinn nicht
im Stich gelassen hat, gelangen Sie
nun zu einer Querstraße, die rechts
nach Chressibuech führt. Wollen Sie
allerdings sicher gehen, fahren Sie
links bis zur Hauptstraße und verge-
wissern sich, ob dort eine Hinweistafel nach Chressibuech vorhanden ist.

Fragen Sie sonst einfach!
Folgen Sie also diesem Schild, schon
bald kurven Sie durch den kleinen
Ort Chressibuech, dann durch Obstplantagen in Richtung Sommeri. Letzt-
genannten Ort lassen Sie rechts liegen, stattdessen wird die Hauptstraße angesteuert und diese überquert. Der Weg geradeaus leitet den
Radler direkt nach *Oberaach.*
Im Dorf endet die Straße bei einer
Kreuzung. Wenden Sie kurz nach
rechts und bei der nächsten Abzweigung gemäß Hinweisschild links nach
Engishofen, ein Ort der recht schnell
erreicht ist. Am Ende des Dorfes zweigen Sie nach Kümmertshausen ab. Es
geht nun etwas aufwärts, dann geradeaus nach *Buch.* Dort müssen Sie
links nach *Andwil* abbiegen.
Der ruhige Weg führt direkt ins Dorfzentrum, wo Sie nach der Abzweigung in Richtung Mattwil Ausschau
halten. Bis dorthin zieht sich der Weg
immer sanft nach oben. Bei der Kreuzung in *Mattwil* fahren Sie etwas

rechts versetzt geradeaus nach Klarsreuti, einem weiteren winzigen Bauerndorf. In diesem Ort lenken Sie das Rad nach rechts und gelangen nach wenigen Metern zu einer Vorrangstraße, die sich zum nächsten Ziel *Illighausen* schwingt. Am Dorfanfang dirigiert die Tafel »Zuben« den Radler nach rechts. Kurz darauf können Sie ihren Speichengaul vorbei an Wiesen und Apfelbäumen hinunterrollen lassen. Von der Querstraße vorerst ein wenig stoppen, dann radeln Sie geradeaus weiter bis zum Ortsanfang von *Altnau.*

Auch bei der dortigen Querstraße geht es nochmals geradeaus bis zum Ende der Straße. Radtafeln weisen nach links. Fahren Sie jedoch nach rechts und alsbald links hinab. Ein Radweg schwingt sich unter der vielbefahrenen Hauptstraße durch. Sie gelangen direkt auf den Seeuferweg, dem Sie nun rechts folgen.

Ab nun ist die kiesige Strecke als Radweg gut ausgeschildert. Wer auch auf deutscher Seite geradelt ist, wird diese Uferfahrt wegen des oft unverbauten Uferbereichs genießen. Zwar gibt es nicht so viele Sehenswürdigkeiten, doch dafür ein gemütliches Radfahren mit schönem Blick auf den See, wo besonders an Wochenenden Tausende von Segelschiffen kreuzen. Campingplätze, Strandbäder, Obstgärten und Wiesen wechseln sich ständig ab. Immer wieder bieten Bauern den Radfahrern Obstprodukte, Fruchtsäfte und andere Energielieferanten an.

Je näher Sie Romanshorn kommen, desto entfernter wird das deutsche Ufer. Zwischen Friedrichshafen und Romanshorn beträgt die Distanz 14 Kilometer, es ist die breiteste Stelle im Bodensee.

Die Fahrt über Uttwil nach Romanshorn führt nun mehr oder weniger immer entlang der Bahn in Sichtweite des Ufers. Auf dem guten Kiesweg kann recht zügig über *Uttwil* nach *Romanshorn* geradelt werden.

Auskunft:
● *Tourist Information, Postfach 28, im Bahnhof, CH-8590 Romanshorn, Tel. 071/4633232, Fax 071/4611980.*

Anreise:
Mit dem Zug von Rorschach oder Kreuzlingen nach Romanshorn. Mit der Fähre von Friedrichshafen oder mit dem Schiff von Kreuzlingen oder Rorschach nach Romanshorn.

Campingplätze:
● *Camping Ruederbaum, Altnau (am See gelegen), Tel. 071/6952965.*
● *Camping und Strandbad Uttwil, Camper können das Strandbad kostenlos benutzen, Tel. 071/4634773.*

Jugendherbergen:
● *Jugendherberge, Gottfried-Keller-Straße 6, Romanshorn, Tel. 071/4631717.*

Aktivitäten vor Ort:
Es gibt mehrere Möglichkeiten im Bodensee zu baden: Strandbäder findet man etwa in Uttwil und Romanshorn.

Sehenswert:
● *Romanshorn: Schloß mit Alter Kirche; Kleines Museum am Hafen, Sonntag von 14–17 Uhr und nach Vereinbarung, Tel. 071/4632704.*

Alternative Radtour:
● *Sie können diese Radtour auch bis Kreuzlingen verlängern und dann mit dem Schiff, Zug oder auf dem Seeuferweg mit dem Velo nach Romanshorn zurückfahren.*
● *Strecke ab Illighausen: Oberhofen, Lengwil, Bottighofen und dann auf dem Seeuferweg hinein nach Kreuzlingen.*

Radverleih:
● *Romanshorn: Velo Neuhaus, Alleestraße 54, Tel. 071/4631744. SBB, Bahnhof, Tel. 071/4636220.*

Tour 24: Zum Wasserschloß Hagenwil

INFOS

Charakter: *Diese Tour führt den Radler vorerst auf dem flachen Seeuferrad-weg an das Bodenseeufer mit seinem südlichen Flair. Dann geht's ins Schweizer Hinterland, wo der Charme des Voralpenlandes genossen wer-den kann. Kultureller Höhepunkt ist das Wasserschloß Hagenwil, aber auch Arbon und zahlreiche Fachwerkhäuser entlang des Weges erfreuen das Auge.*
Die sanft hügelige Landschaft erlaubt ein angenehmes Radeln, denn die wenigen stärkeren Steigungen sind nur kurz. Der Weg windet sich im Lan-desinneren auf geteerten Sträßchen durch kleine verträumte Dörfer. Nur auf dem Seeradweg muß das Rad teilweise auf Kieswegen dahinrollen. Dank guter Beschilderung ist die Route leicht zu finden.

Länge: *31,5 km.*

Fahrzeit: *4–5 Stunden*

Ausgangspunkt: *Romanshorn/Bahnhof.*

Höhe des Ausgangspunktes: *400 m.*

Routenverlauf: *Romanshorn Bhf. – Arbon (10 km) – Bumeshus (6 km) – Muolen (4,5 km) – Hagenwil (2 km) – Almischberg (2,5 km) – Felwis (2,5 km) – Romanshorn Bhf. (4 km)*

Höchster Punkt: *492 m.*

Höhenunterschied: *170 Hm.*

Konditionelle Anforderungen: *mittel.*

Anschlußtour: *Tour 23 (ab Romanshorn).*

Karte: *Kompaß Wanderkarte, Bodensee-Gesamtgebiet (1:75.000), Nr. 1c. VCS-Velokarte, Bodensee-Thurgau (1:60.000).*

Startpunkt ist der Bahnhof in *Romanshorn*, wo man sich gleich in den Seeuferweg einklinken kann. Folgen Sie also dem Bodenseeradweg links auf der Neustraße entlang der Geleise nach Osten; Genaueres über Romanshorn erfahren Sie unter Tour 23. Die Radsymbole führen über den Egnacherweg und die Kehlhofstraße nach *Egnach*, einem kleinen Ort, der im Zickzack durchradelt wird. Am Bahnhof vorbei, und dann zwischen Bodenseeufer und Bahn eingeklemmt, erreichen Sie schließlich die ersten Häuser von *Arbon*.

Der Radweg leitet den Biker vor der Innenstadt weg vom Ufer auf die Hauptstraße, die Sie hinein in das sehenswerte Zentrum trägt. »Arbor felix«, glücklicher Baum, nannten die Römer diesen Flecken Erde. Die Festung lag auf der Heerstraße zwischen Winterthur und Bregenz. Besonders sehenswert ist der mächtige, siebenstöckige Schloßturm aus dem 13. Jahrhundert, der ein Heimatmuseum beherbergt. Daneben erhebt sich das Schloß Arbon, das vom Konstanzer Fürstbischof Hugo von Hohenlandenberg 1515 in Auftrag gegeben wurde. Weitere »Leckerbissen« sind das Rathaus, ein Eckturm der alten Befestigungsanlage mit hübschem Glockentürmchen sowie das »Rothe Haus«, ein faszinierendes Rokokogebäude.

Wer ein Liebhaber von Oldtimern ist, sollte das Oldtimer-Club-Saurer-Muse-

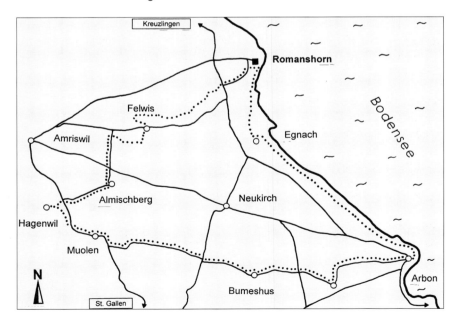

um in der Graben-
straße nicht versäu-
men. Das Saurer-
Museum weist
auch auf die Wich-
tigkeit der Saurer
Motoren- und Auto-
fabrik hin, die in
Arbon 1862 als
Gießerei entstand.
Heute ist die Fabrik
ein wichtiger
Arbeitgeber in der

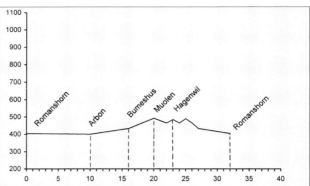

Region. Früher wurde hier Flachs
angebaut und im Winter zu Lein-
wand gewoben. Im frühen 19. Jahrhundert endete diese Tradition der
Tuchindustrie.

Dort, wo die Hauptstraße mitten in
der Stadt eine scharfe Rechtskurve
macht, biegen Sie rechts in die Promenadenstraße ein. Sie findet ihre
Fortsetzung in der Rebenstraße, auf
der Sie aus der Stadt hinausrollen.
Der Weg wird nur von wenigen Ben-
zinkutschen befahren, und Streuobstwiesen prägen vorerst das Land-
schaftsbild. Radeln Sie immer geradeaus in Richtung Stachen/Feilen.
Nach einer Linkskurve und dem Überqueren eines kleinen Baches kommen
Sie schon bald hinein in das Dorf *Feilen,* wo Sie bis zum Rathaus radeln.
Bevor Sie hier rechts in Richtung »Rie-
dern« weiterstrampeln, lohnt es sich,
die Reise vorerst auf dem Weg
(Rechtskurve) bis zur Hauptstraße (St.
Gallerstraße) fortzusetzen. Dort
schwenken Sie nach rechts, schon

wenige Meter danach befindet sich
links in der Mosterei Möhl das Obst-
und Brennerei-Museum.
Für die Weiterfahrt radeln Sie wieder
zurück zum Rathaus von Feilen und
biegen dort nun in Richtung »Rie-
dern« ab. Nachdem Sie die Schnellstraße, dabei die Brücke nutzend,
überquert haben, erreichen Sie unter
leichtem Auf und Ab die Siedlung
Bumeshus.
Biken Sie im Dorf kurz links hinauf
und bei der nächsten Möglichkeit
rechts weiter. Wieder begleiten den
Reisenden die für diese Gegend typischen Obstplantagen und saftigen
Wiesen mit den weidenden Kühen.
Recht gemütlich zieht sich die Straße
ins Hinterland hinein, immer geradeaus bis zu jener Querstraße, wo Sie
den Hegibach überqueren können;
auf der anderen Seite befindet sich
das einladende Gasthaus »Klösterli«.
Gleich nach dem Bach zeigt die Tafel
links nach »Muolen«, der nächsten
größeren Ortschaft. Nach etwa 2 km

wird die Bahnlinie gekreuzt und nach einer Rechtskurve können Sie auf der Vorrangstraße rechts nach *Muolen* hineinfahren.

Radeln Sie durch den Ort bis zu den letzten Häusern und damit zur Abzweigung nach Bischofszell, die Sie jedoch ignorieren. Doch kurz danach führt ebenfalls links ein kleines Teersträßchen weg. Auf ihm gelangt der Radler direkt hinein nach *Hagenwil*, wo Sie an der Kirche vorbei nur noch wenige Pedaltritte hinauf zum berühmten Wasserschloß Hagenwil treten müssen. Das Schloß wurde zu Beginn des 13. Jahrhunderts vom Kreuzritter Jürgen von Hagenwil erbaut. Da der Ritter schon bald keine Freude mehr an seinem Besitz hatte, übergab er es den Mönchen des Klosters St. Gallen und erhielt dafür eine jährliche Rente zugesichert. Heute besitzt es eine noch funktionierende Zugbrücke und einen 3 Meter tiefen Wassergraben, zwei Rittersäle und eine Schloßkapelle.

Für die Weiterfahrt radelt man zurück zur Kirche und biegt dann links in die zweite Abzweigung ein. Kurz darauf ist die Hauptstraße erreicht, die man überquert und etwas rechts versetzt Richtung »Steinebrunn« fährt. Die Hinweistafel »Almischberg« läßt Sie kurz darauf rechts ziemlich steil hangauf weitertreten. Da die Steigung nur kurz ist, kommen die Oberschenkel kaum zum Glühen. Umso angenehmer ist danach der flotte Ritt nach *Almischberg* hinunter. Dabei können Sie einen herrlichen Blick auf den Bodensee und die nähere Umgebung genießen. Im Dorf geht es links hinab vorerst Amriswil zu. Gleich darauf ist eine weitere Hauptstraße erreicht, die man geradeaus überquert. Kurz vor einem Bauernhof zeigt die Wandertafel nach rechts, bei der nächsten Kreuzung folgen Sie links der Hinweistafel »Felwis«. In diesem kleinen Dörfchen radeln Sie nun auf der größeren Straße kurz links, um nach wenigen Meter rechts wegzuradeln und dann die Bahn zu unterqueren. Bei der nächsten Kreuzung halten Sie sich links und kurbeln alsbald durch den Wald hinunter zur Aach und dann wieder hinauf zu einer weiteren Kreuzung. Rechts führt der Weg nach Romanshorn. Zuvor aber durch Wiesen, dann auf der Brücke über die Bahn und vorbei an einem Gestüt. Kurz darauf tauchen die ersten Häuser von Aach auf und anschließend jene von Hungerbühel. Bei der Vorrangstraße treten Sie links weiter, unterqueren zum letztenmal die Bahn und gelangen nach einer Rechtskurve zum Kreisverkehr, wo Sie geradeaus auf der Neuhofstraße weiterrollen. Bei der stärkeren Linkskurve folgen Sie der Abzweigung rechts hinab zu den Gleisen. Nun heißt's nur noch wenige Meter links weiterfahren und schon ist beim Bahnhof Romanshorn der Endpunkt der Tour erreicht.

Auskunft:
● Tourist Information, Postfach 28, im Bahnhof, CH-8590 Romanshorn, Tel. 071/4633232, Fax 071/4611980.

Anreise:
● Mit dem Zug von Rorschach oder Kreuzlingen nach Romanshorn. Mit der Fähre von Friedrichshafen oder mit dem Schiff von Kreuzlingen bzw. Rorschach nach Romanshorn.

Campingplätze:
● Camping und Strandbad Uttwil, Camper können das Strandbad kostenlos benutzen, Tel. 071/4634773.
● Camping Buchhorn, Arbon, Tel. 071/4466545.

Jugendherbergen:
● Jugendherberge, Gottfried-Keller-Straße 6, Romanshorn, Tel. 071/4631717.

Aktivitäten vor Ort:
Schwimmbäder und Strandbäder zwischen Arbon und Romanshorn.

Sehenswert:
● Romanshorn: Schloß mit alter Kirche; das »Kleine Museum« am Hafen, Billettausstellung mit Dokumenten, Fotos und Bildern, über Schienenverkehr und Schiffahrt sowie über das Wachsen des Dorfes von der Fischer- und Handwerkersiedlung zum Verkehrs- und Industrieort. Geöffnet: sonntags von 14–17 Uhr und nach Vereinbarung, Tel. 071/4632704.
● Arbon: Rathaus; Römerhof; Fischermarktplatz; Heimatmuseum im Schloß, täglich von 14–17 Uhr; Saurer-Oldtimermuseum, Mittwoch 18–20 Uhr, erster Samstag und Sonntag im Monat von 17–17 Uhr; Obst- und Brennereimuseum im Ortsteil Stachen, St. Gallerstraße, Mosterei Möhl, Montag bis Freitag, 8–12 Uhr und 13.30–18.30, Samstag von 8–16 Uhr.
● Hagenwil: Schloß mit Wassergraben und Restaurant.

Alternative Radtour:

*Fahrt durch den Neuwald: Nach Felwis und der Überquerung des Aach-
baches nicht nach rechts, sondern geradeaus zum Ort Oberhüseren und
dort zur Hauptstraße. Leicht rechts versetzt führt eine kleine Straße geradeaus weiter und dann in den Neuwald hinein. Rastmöglichkeit bei der Waldschenke. Dort geradeaus, an einem Holzlagerplatz vorbei. Schließlich läßt
Sie eine Hinweistafel nach rechts in Richtung »Romanshorn« abbiegen. Bald
tritt der Wald zurück und die ersten Häuser von Romanshorn tauchen auf.
Ins Zentrum zum Bahnhof ist es nicht mehr weit.*

Radverleih:

● *Romanshorn: Velo Neuhaus, Alleestraße 54, Tel. 071/4631744. SBB,
Bahnhof, Tel. 071/4636220.*

Tour 25: Bodenseeblick von der Aussichtsterrasse Rorschacherberg

Charakter: *Die hügeligen Berge des Appenzeller Vorderlandes reichen bis ans Ufer des Dreiländersees. Wer mit dem Rad diese Anhöhe meistert, wird mit einem herrlichen Ausblick belohnt. Während der Abstecher nach Heiden (Tour 26) schon zünftige Kondition verlangt, werden weniger sportliche Radfreunde auf der hier beschriebenen Tour auch den Bodensee und das Schweizer Ufer von oben bewundern können. Das Gebiet des Rorschacherberges ist geprägt von Wiesen mit vereinzelten Obstbäumen, kleinen Weihern, Schlössern und schattigen Wäldern. Das Dorf Thal am Fuße des Buechberg besticht durch seine ausgedehnten Rebenhänge.*
Auf einer Strecke von 6 km müssen die Höhenmeter gemeistert werden. Alles was dann kommt ist ein gemütliches »Rollenlassen«. Zum Schluß geht's entlang des Bodenseeufers zurück nach Rorschach.

Länge: *26,5 km.*

Fahrzeit: *3–5 Stunden.*

Ausgangspunkt: *Rorschach/Bahnhof.*

Höhe des Ausgangspunktes: *398 m.*

Routenverlauf: *Rorschach Bhf. – Goldach Bhf. (3,5 km) – Rorschacherberg (2 km) – Hof (3,5 km) – Thal (5 km) – Rheineck Bhf. (2 km) – Rheinspitz (5 km) – Rorschach Bhf. (5,5 km)*

Höchster Punkt: *583 m.*

Höhenunterschied: *185 m.*

Konditionelle Anforderungen: *mittel bis sportlich.*

Anschlußtour: *Tour 26 (ab Rheineck).*

Karte: *VCS-Velokarte, Bodensee-Thurgau (1:60.000).*

Startpunkt dieses Radausflugs ist der Hauptbahnhof von *Rorschach*. Überqueren Sie dort die Hauptstraße, wo sich gleich daneben, an der Seepromenade, der Seeuferradweg befindet, dem Sie links folgen; achten Sie besonders auf die Bodenmarkierungen. Schon nach kurzer Zeit heißt es absteigen und das Rad durch die Hafenanlage schieben. Eine gute Gelegenheit hier in der »Alten Garage«, die sich direkt neben der Schiffanlegestelle befindet, das interessante Museum für Oldtimer, Motorräder und Automobile sowie alte Verkaufsautomaten anzusehen. Schieben Sie das Rad zum bekannten Kornhaus, das früher Getreidelagerstätte war. Heute befindet sich ein Heimatmuseum darin, das jedoch nur auf Voranmeldung geöffnet hat. Ab dem Kornhaus können Sie wieder am Ufer entlang radeln, später neben den Geleisen. Schließlich mündet der Radweg bei einer Schrankenanlage in die Hauptstraße, wo der Weg nach Arbon rechts weiterführt.

Um nach *Goldach* zu kommen, biegen Sie nun links ab, überqueren mit der Straße die Geleise und lenken das Velo gleich rechts hinauf. Halten Sie sich an die Hinweistafel »Goldach/Bahnhof«. Es geht nun immer leicht aufwärts. Bei der Kreuzung mit Ampelanlage radeln Sie geradeaus, bis schließlich ein weiterer Bahnübergang gequert werden muß; links befindet sich der Bahnhof von *Goldach*.

Links in Richtung Rorschacherberg haltend, zieht sich der Weg nun am Berghang entlang, mit Blick auf das Häusermeer von Rorschach. Die Straße ist zwar von einigen Autos benützt, doch für Radler gibt es einen

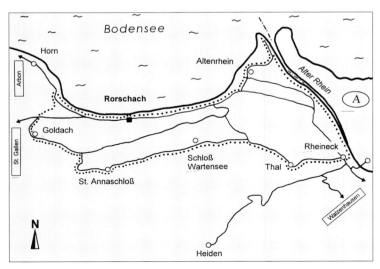

separaten Begleitweg. Halten Sie Ausschau nach den Hinweistafeln »St. Annaschloß«, die Sie rechts steil hinauf leiten. Der ruhige aber steile Weg führt unter der Autobahn hindurch, macht eine Rechtskurve und zieht sich mit hohen Steigungsprozenten nach oben. Nach dem St. Annaschloß (das Gebäude ist recht heruntergekommen) wird es bald flach und Sie radeln nun in den Wald hinein, dann leicht hinab zu einer Kreuzung, wo Sie das Rad geradeaus in Richtung Thal/Rheineck weiterrollen lassen. Immer wieder kann man die Sicht auf den Bodensee mit dem nahen Schweizer Ufer und dem fernen Deutschland auskosten.

Vorbei am Schloß Wartensee erreichen Sie schon bald eine Querstraße, wo Sie rechts nach *Thal* weiterfahren. Links tauchen die Rebenhänge von Thal auf. Radeln Sie bis zur Dorfmitte und biegen Sie bei der Kirche links nach Rheineck ab. Der Weg leitet Sie schließlich nach Überquerung einer Vorrangstraße direkt

zum Bahnhof von *Rheineck*. Mittels Unterführung gelangt man direkt zum Ufer des Alten Rheins, wo sich eingezwängt zwischen Wasser und Autobahn ein Rad- und Fußweg befindet; hier ist auch die Schiffsanlegestelle Rheineck.

Fahren Sie auf dem Kiesweg links weiter, schon bald lenken Radtafeln den Biker weg von der Autobahn nach einer kleinen Waldpassage auf eine Teerstraße. Vorbei an Kläranlage und Campingplatz halten Sie sich immer geradeaus, bis Sie mittels Teerstraße den Rheinspitz erreichen, wo das Gasthaus »Weisses Haus« auch gerne durstige Radler aufnimmt. Ganz vorne am See befindet sich ein Strandbad.

Für die Weiterfahrt biken Sie auf der Teerstraße zurück und folgen dieser bis der Ifangweg rechts wegführt. Auf ihm gelangen Sie in die Dorfmitte von *Altenrhein*, die Kirchstraße trägt den Reisenden direkt zur Dorfstraße, auf der Sie nun rechts weiterfahren. Halten Sie sich nun rechts, schon bald geht's am Flugplatz vorbei, wo Sie noch einen Abstecher zum Fliegermuseum machen können. Schließlich wird beim Kreisverkehr die Hauptstraße nach Rorschach erreicht. Lenken Sie ihr Velo rechts weiter, die Straße führt vorbei an Staad direkt zum Bahnhof von Rorschach.

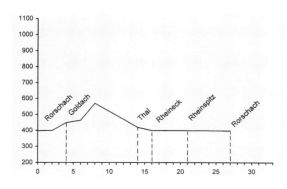

Auskunft:

● Verkehrsbüro, beim Hafenbahnhof, Hauptstraße 63,
CH-9401 Rorschach, Tel. 071/8417034, Fax 071/8417036.

Anreise:

Mit der Bahn von Zürich über St. Gallen, von Schaffhausen über Kreuzlingen oder von Chur über St. Margrethen nach Rorschach. Mit dem Schiff von Lindau oder Kreuzlingen nach Rorschach.

Campingplätze:

● Camping Idyll, Mennstraße, Altenrhein (Eintritt ins Strandbad gratis),
Tel. 071/8554213.
● Camping »Weisses Haus«, Rheinhofstraße, Altenrhein,
Tel. 071/8555555.

Jugendherbergen:

● Jugendherberge im Ebnet, Rorschacherberg, Tel. 071/8415411. Jugendherberge, Sport- und Freizeitunterkunft beim Strandbad,
Tel. 071/8449712.

Aktivitäten vor Ort:

● Rorschach: Strandbad, Tret- und Ruderboote beim Kornhaus in Rorschach, Wandern auf den Rorschacherberg, Bodenseeausflüge mit der »Weißen Flotte«, Fahrt mit der Bergbahn von Rorschach nach Heiden oder von Rheineck nach Walzenhausen, beim Flugplatz Altenrhein Rundflüge möglich. Am äußersten Ende vom Rheinspitz befindet sich ein Strandbad.

Sehenswert:

● Rorschach: Kornhaus; Alte Garage, Automobil-, Motorrad- und Automatenmuseum, (Juli/August) Montag bis Sonntag von 10–18 Uhr, März bis Juni, September und Oktober jeweils von Montag bis Samstag 13.30–17.30, Sonntag 10–17.30 Uhr.; alte Bürgerhäuser an der Hauptstraße und Mariabergstraße,
● Rorschacherberg: Schloß Wartensee und St. Annaschloß.
● Altenrhein: Fliegermuseum beim Flugplatz, April bis September, 1. und 3. Samstag im Monat von 12–17 Uhr, Gruppen jederzeit,
Tel. 071/7378104.

Radverleih:

Rorschach: SBB, Hauptbahnhof, Tel. 071/8411836.

Tour 26: Ausflug nach Walzenhausen und Heiden

Charakter: *Das Gebiet um Walzenhausen und Heiden wird als Sonnenterrasse hoch über dem Bodensee angepriesen.*
Hier im Appenzeller Vorderland – etwa 400 Meter über dem See – hat der Reisende besonders an klaren Tagen eine ausgezeichnete Fernsicht, die Vergleiche mit der Pfändergegend nicht zu scheuen braucht. Eine Fahrt bei bunter Herbststimmung wird ein unvergleichliches Erlebnis werden.
Diese Tour, die fast ausnahmslos auf Teerstraßen verläuft, präsentiert zuerst das Bodenseegebiet und anschließend im Osten das Rheintal und die Vorarlberger Bergwelt. Schließlich klingt die Reise auf flacher Piste entlang des Alten Rheins bei Rheineck aus. Wer sich und den »Ritzelmuli« mit der Zahnradbahn von Rheineck nach Walzenhausen transportieren läßt, der muß 270 Höhenmeter weniger bergauftreten.

Länge: *33,5 km.*

Fahrzeit: *5–7 Stunden.*

Ausgangspunkt: *Rheineck.*

Höhe des Ausgangspunktes: *400 m.*

Routenverlauf: *Rheineck Bhf. – Walzenhausen Bhf. (4,5 km) – Wolfhalden (5 km) – Heiden (3 km) – Oberegg (3 km) – Bürlswilen (5,5 km) – Au (4,5 km) – St. Margrethen (2,5 km) – Rheineck Bhf. (5,5 km)*

Höchster Punkt: *880 m.*

Höhenunterschied: *500 m.*

Konditionelle Anforderungen: *sportlich.*

Anschlußtour: *Tour 26 (ab Rheineck).*

Karte: *VCS-Velokarte, St.Gallen-Appenzell-Liechtenstein (1:60.000).*

Fahren Sie beim Bahnhof *Rheineck* links auf der Bahnhofstraße bis zur Kreuzung, wo Sie rechts weiterradeln. Dem Wegweiser »Walzenhausen« folgend, schwenken Sie schon bald links weg; stellen Sie sich auf eine kräftezehrende Auffahrt ein. Wer auf die Mühe dieser Fitneßeinlage verzichten will, kann sich beim Bahnhof Rheineck der Zahnradbahn anvertrauen, die die 270 Höhenmeter bis *Walzenhausen* in sechs Minuten zurücklegt.

Wenn Sie genügend Zeit haben und gerne die Lachmuskeln strapazieren, können Sie auf dem Witzwanderweg in drei Stunden von Walzenhausen nach Heiden wandern. Zurück gelangen Sie mit dem Bus.

Beim Bergbahnhof Walzenhausen dirigieren Sie die Hinweisschilder »Heiden, Wolfhalden« nach rechts. Die breite Straße führt nur kurz sanft hinauf, dann können Sie es bis zur Vorrangstraße hinunterrollen lassen. Dabei haben Sie immer einen schönen Tiefblick. Bei der vielbefahrenen Querstraße, der Sie links bergauf folgen, ist naturgemäß vorerst Schluß mit dem gemütlichen Abwärtsrollen. Jetzt sind einige schweißtreibende Kilometer angesagt. Die Straße zieht sich durch Wolfhalden hinauf zum bekannten Luftkurort *Heiden*, der auf 810 Meter Meereshöhe liegt.

Eine Pause hat sich der Radler hier redlich verdient. Dazu bietet sich das »Dunant Museum« an, in dem Sie viel über den Gründer des Roten Kreuzes erfahren, der seine 23 letzten Lebensjahre hier verbracht hat. Einmalig ist die Aussicht vom 30 Meter hohen Kirchturm, der zu einem frei besteigbaren Aussichtsturm geworden ist. Im Dorfzentrum beeindrucken vor allem die für Heiden charakteristischen Biedermeierbauten. Halten Sie sich nun an die Hinweistafeln »Berneck/Oberegg«. Nochmals müssen die Beine gehörig in die Pedale gedrückt

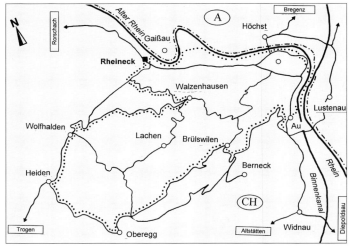

werden, dann ist die Kuppe erreicht. Auf der Westseite des Appenzellerlandes haben Sie freien Blick auf das Rheintal und die Vorarlberger Berge. Die Straße führt durch *Oberegg,* dann hinunter nach Schachen, wo Sie links hinauf nach Walzenhausen/Bürlswilen steuern. Nochmals muß kurz hinaufgestrampelt werden, doch dann ist damit Schluß. Ab nun können Sie die Räder der Schwerkraft überlassen, und für längere Zeit werden Sie einen ordentlichen Fahrtwind spüren. Aber Vorsicht, denn die Aussicht auf das Rheintal lenkt allzuoft den Blick von der Straße weg. In *Büriswilen* biegen Sie rechts ab und folgen damit der Vorrangstraße, die sich flott ins Tal hinunterzieht. (Sollten Sie ihr Auto in Walzenhausen haben, könnten Sie nun auch links hinaufradeln, die Straße führt dorthin.) Nach etwa einem Kilometer zweigen Sie links gemäß Hinweisschild »Rüden/Langmoos« ab. Der schmale Weg trägt den Radler am Hang vorbei an Weinbergen zur Vor-

rangstraße, die rechts hinab zur Rheintalgemeinde *Au* führt. Direkt am Fuße des Berges weist ein rotes Radsymbol links Richtung Friedhof. Der Radweg überquert schon bald die Hauptstraße und folgt dann links dem Littenbach. Etwas nördlich vom Bahnhof können Sie den Binnenkanal über- und die Autobahn unterqueren. Der Radweg führt nun im Rheinvorland entlang des Dammes, umfährt später einen Tennisplatz und leitet den Radler wieder über den Binnenkanal.

Jetzt haben Sie die berühmten zwei Möglichkeiten: Laut Radtafeln können Sie geradeaus nach *St. Margrethen* fahren, und sich dort im Thermalbad von den Strapazen dieser Tour zu erholen. In weiterer Folge führt der Radweg gut beschildert nach Rheineck. Sie können aber auch gleich nach der Überquerung des Binnenkanals rechts auf einem Kiesweg weiterfahren. Damit radeln Sie für längere Zeit im Uferbereich des Alten Rheins, gleich daneben ist die Autobahn. Die große Mäanderschleife kürzen Sie geradeaus auf Feldwegen ab, nochmals führt der Weg an den Alten Rhein heran. In Rheineck, wo die hohe Brücke von Österreich in die Schweiz führt, gelangen Sie mittels Unterführung zum Bahnhof.

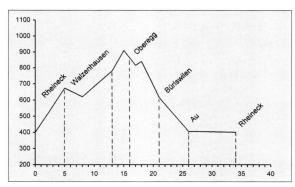

Auskunft:
- *Verkehrsamt, CH-9424 Rheineck, Tel. 071/8417034, Fax 071/8417036.*
- *Tourismusbüro, CH-9410 Heiden, Tel. 071/8911060, Fax 071/8911070.*

Bergbahnauskunft:
- *RhW Bergbahn Rheineck-Walzenhausen, Postfach 255, CH-9410 Heiden, Tel. 071/8911852, Fax 071/8911459. Die Bahn fährt täglich über zwanzigmal nach Walzenhausen, Fahrräder können je nach vorhandenem Platz mitgenommen werden.*

Anreise:
Mit dem Zug von St. Gallen oder Chur nach Rheineck oder St. Margrethen. Ab dem Bahnhof Rheineck mit der Schmalspurbahn hinauf nach Walzenhausen oder per Velo.

Campingplätze:
- *Camping Buriet, Am Buechberg (in der Nähe von Rheineck), Tel. 071/8881769.*
- *Camping und Strandbad Bruggerhorn, St. Margrethen, Tel. 071/7442201.*

Aktivitäten vor Ort:
- *Ab Rheineck gibt es Möglichkeiten mit Ausflugsschiffen eine Rundfahrt auf dem Bodensee zu machen.*
- *Walzenhausen: Wanderung auf dem Witzweg nach Heiden.*
  St. Margrethen: Thermalbad

Sehenswert:
- *Heiden: Dunant-Museum, über den Gründer des Roten Kreuzes, täglich von 10–17 Uhr; Biedermeierbauten im Dorfzentrum.*
- *St. Margrethen: Festungsmuseum Heldsberg, Samstag 13–18 Uhr.*

TIPS

Alternative Radtour:

Kurz nach Walzenhausen links hinauf in Richtung Lachen. An der Kreuzung in Schönenbühl entweder rechts nach Wolfhalden oder links nach Schachen. Damit können Sie einen Teil der verkehrsreicheren Straße umgehen, dafür aber müssen mehrere Höhenmeter überwunden werden.

Radverleih:
● *Rheineck: SBB, beim Bahnhof, Tel. 071/441282.*

Tour 27: Im Land der Appenzeller

INFOS

Charakter: *Das Appenzeller Land mit seinen grünen Almwiesen, heimeligen Gaststätten und sehenswerten Dörfern sowie den typischen Bauernhäusern kann auf diesem Tourenvorschlag mit mäßigem Kraftaufwand erkundet werden; daneben gibt es auch eine einfachere Alternative. Die Tour führt bis zum Fuße des Hohen Kasten heran, der mit einer Seilbahn erreicht werden kann. Zudem erheben sich im Süden der mächtige Alpstein und der Säntis. Ein »Bijou« im Appenzeller Land ist der Hauptort Appenzell und im Rheintal Altstätten.*
Auf der gesamten Strecke radeln Sie auf Teerwegen, die größtenteils vom starken Autoverkehr verschont sind. Durch den Aufstieg mit der Bahn wird diese Tour auch für konditionsschwächere Radler möglich. Ab Appenzell ist die Tour, die zwei Steigungsetappen aufweist, als »Sports-Route« ausgeschildert.

Länge: *33,5 km.*

Fahrzeit: *4–5 Stunden.*

Ausgangspunkt: *Gais/Bahnhof.*

Höhe des Ausgangspunktes: *933 m.*

Routenverlauf: *Gais Bhf. – Sammelplatz (2,5 km) – Appenzell (4,5 km) – Weissbad (3,5 km) – Brülisau (3,5 km) – Steinegg (4 km) – Eggerstanden (3,5 km) – Eichberg (7 km) – Altstätten Bhf. (5 km)*

Höchster Punkt: *933 m.*

Höhenunterschied: *300 m.*

Konditionelle Anforderungen: *mittel bis sportlich.*

Anschlußtour: *Tour 26 (ab Walzenhausen).*

Karte: *VCS-Velokarte, St. Gallen-Appenzell-Liechtenstein (1:60.000).*

Von Altstätten bis Gais ist der Anstieg mit der Bahn empfehlenswert. Auf der Straße, die sich sehr steil bergauf windet, fahren außerdem sehr viele Autos. Auch Radler, die von St. Gallen anreisen, können dies mit der Appenzellerbahn tun.

Bevor Sie *Gais* verlassen, sollten Sie noch im Dorfzentrum die schönen Bürgerhäuser mit ihren geschwungenen Giebeln anschauen. Dann können Sie sich ins Sitzleder schwingen und auf der Dorfstraße zum Kreisverkehr am Ortsende fahren. Dort radeln Sie auf einem Radstreifen geradeaus in Richtung Appenzell. Die Geleise der Appenzellerbahn sind parallel zur Straße geführt. Bei der kleinen Siedlung »Sammelplatz«

biegen Sie rechts ab und folgen dem geteerten Weg, der mit einer Linkskurve die Häuser hinter sich läßt. Es geht nur noch kurz leicht bergauf. Vor Ihnen öffnet sich eine herrliche Landschaftszenerie: Am Talboden der Ort Appenzell, im Hintergrund das Alpsteingebirge, das von einem Gipfel, dem 2504 Meter hohen Säntis, überragt wird. Weithin ist der Sender des schweizerischen UKW-Radio- und Fernsehdienstes zu sehen. Der zweite markante Berg ist der Hohe Kasten (1795 m). Ab jetzt radeln Sie durch die typische Appenzeller Landschaft, so wie man sie aus Prospekten kennt.

Auf sanften Hügeln und an den Hängen stehen inmitten üppig-grüner

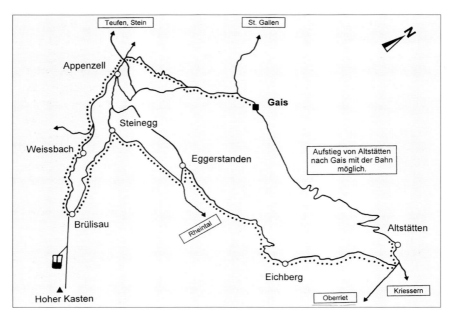

Wiesen einzelne Bauernhäuser. Die Wiesen, in denen Braunvieh weidet, das hier mehrheitlich noch die Hörner behalten darf, sind mit Holzlattenzäunen eingesäumt. Das Appenzeller Haus, vor dem oft ein »Bläß« (Appenzeller Sennhund) wacht, ist aus Holz gebaut und mit Täfer verschönert. Manche Häuser sind nicht naturbelassen, sondern kunstvoll bemalt oder ganz dottergelb beziehungsweise blau getüncht; Auf den Wiesen gedeihen Hochstammbäume fürs Mostobst – denn ein Appenzeller will beim obligaten Jaß (Kartenspiel) seinen Most nicht missen. Immer wieder kann man ältere Männer sehen, die genüßlich ein »Lindauerli« (Pfeife mit Deckel) rauchen.

Der schmale ruhige Weg führt nun längere Zeit hinab bis zur Siedlung Mettlen, wo Sie auf der Vorrangstraße links weiterradeln, den Sitterbach überqueren und bei der folgenden Kreuzung die Tour geradeaus fortsetzen. Der Weg trägt Sie direkt

ins Zentrum der Städtchens *Appenzell*, dem Hauptort des Halbkantons Appenzell-Innerrhoden.

Radeln Sie zum Bahnhof hinauf, dort treffen Sie auf die Radschilder der »Belle-Route« und der »Sports-Route«. Erstere leitet den Radfahrer nun direkt hinaus aus dem Appenzell und damit hinab ins Rheintal, also eine Genußfahrt. Die sportliche Route hängt eine Schleife nach Brülisau dran und stößt dann wieder auf die »Belle Route«.

Die »Sports-Route« führt vom Bahnhof weg zur Bahnunterführung und folgt dort der Sonnenhalbstraße. Langsam müssen Sie nun aufwärtstreten und verbleiben längere Zeit auf der Sonnenhalbstraße, bis ein Radsymbol Sie links abzweigen läßt. Die Straße, die Sie direkt zum Ort *Weissbad* leitet, ist für Autos gesperrt. Bei der Vorrangstraße im Ort halten Sie sich rechts. Die Radschilder leiten Sie dann über die Geleise, anschließend müssen gleich einige gehörige Steigungsprozente überwunden werden.

In *Brülisau*, finden Sie rechts die Talstation der Gondelbahn zum Hohen Kasten. Von dort aus können Sie einen großartigen Panoramablick genießen, der die vorangegangenen Mühen vergessen läßt. Von Brülisau kann man auch

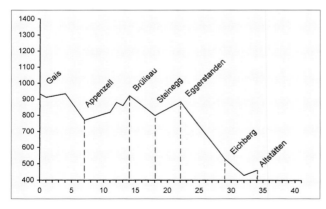

zum Sämtisersee hineinwandern, der von den mächtigen Bergen des Alpsteins eingerahmt ist.

Für die Weiterfahrt benutzen Sie die Straße zum Ort *Steinegg*, der nach einer rauschenden Abfahrt schnell erreicht ist. Bei der großen Kreuzung biegen Sie rechts ab und pedalieren hinauf nach Halten, dann ist Schluß mit dem anstrengenden Teil dieser Tour. Der Weg trägt den Radler nun bequem nach Eggerstanden, dort auf die andere Hangseite und dann wei-

ter nach Osten, wo das Tal dann abrupt ins Rheintal abfällt. Die verkehrsarme Straße kurvt hinab nach *Eichberg*, wo Sie links am Rande des Hangs weiterfahren.

Schon bald ist am Ortsanfang von *Altstätten* die Hauptstraße erreicht, der Sie links folgen. Die Brücke über den Luterbach ist nach wenigen Metern erreicht. Zum Bahnhof müssen Sie nun rechts hinabfahren, ins Zentrum und damit zur Talstation der Zahnradbahn geht's links hinauf.

Auskunft:
● *Appenzellerland Tourismus AI, CH-9050 Appenzell, Tel. 071/7889641, Fax 071/7889649.*

Anreise:
Mit dem Zug nach Altstätten und von dort mit der Zahnradbahn nach Gais; mit dem Zug nach St. Gallen und von dort mit der Appenzellerbahn nach Gais.

Campingplätze:
● *Camping Eischen in Appenzell-Kau, Tel. 071/7871497.*

Aktivitäten vor Ort:
● *Brülisau: Mit der Seilbahn oder zu Fuß auf den Hohen Kasten.*

Veranstaltungen vor Ort:
Bunte Alpabtriebe Ende August bis Mitte September. Die genauen Termine erfährt man beim Verkehrsamt in Appenzell.

Sehenswert:

● In den Orten Appenzell, Altstätten und Gais ist es vor allem der Dorfkern, der durch seine schönen Häuser besticht.
● Appenzell: Hauptgasse mit bemalten Holzhäuser; Appenzeller Museum im neuerbauten Rathaus.
● Stein: Schaukäserei, etwa sechs Kilometer von Appenzell entfernt.

Zusätzliche Radtouren:

Rund um die Ortschaft Appenzell gibt es mehrere beschriftete Mountainbikerouten, die in der VCS-Radkarte braun eingetragen sind.

Alternative Radtour:

Ab Appenzell können Sie sich der »Belle-Route« anvertrauen, die die Schleife nach Brülisau ausläßt und demzufolge den Radler recht gemütlich nach Altstätten führt.

Einkehrmöglichkeiten:

In Gais, Appenzell, Weissbach, Brülisau, Steinegg, Eggerstanden, Eichberg und Altstätten.

Radverleih:

● Appenzell: beim Bahnhof, Veloreservation unter Tel. 071/7871444.
● Altstätten: SBB, Bahnhof, Tel. 071/7551454.

Tour 28: Von Lindau bis Ludwigshafen

INFOS

Charakter: *Am Nordufer des Bodensees reiht sich eine Sehenswürdigkeit an die andere. Die Wege sind hervorragend ausgeschildert, gekiest oder geteert und weisen keine großen Steigungen auf. Allerdings sollte die Tour auf mindestens zwei Tage aufgeteilt werden, damit man wenigstens einige der schönen Orte und Museen in Ruhe besichtigen kann. Da die deutsche Uferseite stark verbaut und oft in Privatbesitz ist, verläßt der Radweg immer wieder den nahen Uferbereich. Mit dem Eriskircher Ried berührt die Tour auch ein bekanntes Naturschutzgebiet. Bis Immenstaad herrscht der Obstbau vor, dann tauchen Weinberge auf. Am Überlingersee treten die steilen Moränenhänge nahe an das Ufer heran.*
Auf dieser beliebtesten Radetappe am Bodensee bilden die Insel Lindau, das Zeppelinmuseum in Friedrichshafen, die Altstadt von Meersburg und die Pfahlbauten in Unteruhldingen kulturelle Abwechslung.

Länge: *67 km.*

Fahrzeit: *8–10 Stunden, 2 Tage.*

Ausgangspunkt: *Lindau/Bahnhof.*

Höhe des Ausgangspunktes: *398 m.*

Routenverlauf: *Lindau Bhf. – Wasserburg (5,5 km) – Langenargen (10 km) – Eriskirch (4 km) – Friedrichshafen (5,5 km) – Hagnau (13 km) – Meersburg (5 km) – Unteruhldingen (5 km) – Überlingen (8 km) – Ludwigshafen Bhf. (11 km)*

Höchster Punkt: *430 m.*

Höhenunterschied: *50 m.*

Konditionelle Anforderungen: *leicht bis mittel.*

Anschlußtouren: *Tour 7 und 8 (ab Lindau); Tour 9 (ab Langenargen); Tour 10 (ab Friedrichshafen); Tour 11 (ab Meersburg); Tour 12 (ab Unteruhldingen); Tour 13 und 14 (ab Ludwigshafen).*

Karte: *ADAC-Kartenmappe »Rund um den Bodensee« (1:50.000), Blätter 1–6. Kompaß-Wanderkarte, Bodensee Gesamtgebiet (1:75.000).*

Die Reise beginnt in *Lindau*, der südlichsten Stadt Bayerns. Bevor Sie sich ins Sitzleder schwingen, sollten Sie sich die Zeit nehmen, um vom Hafen aus ein wenig durch die Altstadt zu schlendern. Sie wurde 1976 unter Denkmalschutz gestellt und ist größtenteils autofrei (siehe Tour 7). Über den Bahndamm verlassen Sie die Insel und queren an dessen Ende die Geleise. Damit befinden Sie sich auf dem offiziellen Bodenseeradweg, dessen Symbole Sie sich nun immer anvertrauen können. Beim Bahnübergang sollten Sie noch einen Blick auf das Aeschacher Bad werfen, ein romantischer Holzbau auf Pfählen. In *Schachen* informiert das 1980 in der Lindenhofvilla eröffnete Friedens-

museum über Menschen und Organisationen, die sich für den Frieden eingesetzt haben.
Ab hier führt der Weg nur noch selten direkt am Ufer entlang, denn es ist verbaut, und so versteckt sich der See hinter Zäunen und Mauern mit der Aufschrift »Privat«. Stattdessen schlängelt sich der Weg an Obstplantagen und schönen Villen vorbei. Bei *Wasserburg* sollten Sie kurz den Radweg verlassen und der malerischen Halbinsel einen Besuch abstatten (Tour 8). Die Burg, die gotische Kirche mit dem Zwiebelturm und die im Wasser schaukelnden bunten Fischerboote wirken besonders attraktiv.
Die Radsymbole dirigieren Sie nach Nonnenhorn und im weiteren Verlauf

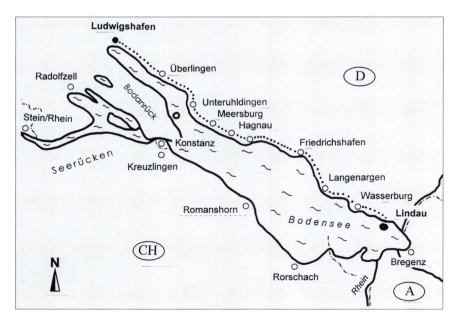

nach *Kreßbronn*, wo es an der größten deutschen Werft südlich der Donau, der Bodan-Werft, vorbeigeht. Der Bodenseeradweg lenkt den Radler nun landeinwärts auf die Landstraße und führt die Reisenden damit direkt zur ältesten Kabelhängebrücke Deutschlands, der »Golden Gate of Kreßbronn« heran, die sich über die Argen spannt. Danach verlassen Sie die Straße wieder links und gelangen auf einem ruhigen Weg zum Hafen von *Langenargen*, wo sich im angrenzenden Park das orientalisch anmutende Schloß Montfort erhebt (Tour 9).

Nach diesem Augenschmaus lenken Sie ihr Rad durch die Siedlungen Schwedi und Moos an den Fluß Schussen heran. Schon taucht auf der anderen Uferseite der Ort *Eriskirch* auf, dessen Häuser, Kirche, Holzbrücke und Boote sich im ruhigen Wasser des Flusses spiegeln. Nachdem Sie die Schussen mittels Holzbrücke überquert haben, führt der

Radweg über die Geleise und dann für längere Zeit entlang der Bahn nach Friedrichshafen. Dabei passieren Sie das Naturschutzgebiet Eriskirch, auf dessen Riedflächen im Frühsommer Tausende von Sibirischen Schwertlilien blühen.

Vor *Friedrichshafen* leiten Sie die Radsymbole auf die Hauptstraße und mit ihr ins Zentrum der Zeppelinstadt. Radeln Sie hier zum Hafen, dort können Sie dem Zeppelinmuseum einen Besuch abstatten.

Die Strecke von Friedrichshafen bis Immenstaad ist alles andere als attraktiv. So ist es überlegenswert, die Strecke zwischen Friedrichshafen und Immenstaad auf einem Schiff der »Weißen Flotte« zurückzulegen. Mit dem Fahrrad kurbeln Sie die nächsten neun Kilometer immer neben der vielbefahrenen Straße. Nachdem Sie Immenstaad durchradelt haben, beginnt wieder ein Radweg, der im Respektabstand zur Straße angelegt wurde. Rechts schaut Schloß Hersburg von einem Weinberg herunter und wenige Meter weiter kurbeln Sie direkt am Schloß Kirchberg vorbei, das heute dem Markgrafen von Baden gehört. Nun haben sich die Obstgärten vollkommen zurückgezogen

Auskunft:
- Verkehrsverein, D-88103 Lindau, Tel. 08382/260030, Fax 08382/260026.
- Kur- und Verkehrsverwaltung, Kirchstraße 4, D-88709 Meersburg, Tel. 07532/431110, Fax 07532/431120.
- Verkehrsamt Ludwigshafen, Hafenstraße 5, D-78351 Ludwigshafen, Tel. 07773/930040, Fax 07773/930043.

Anreise:
Mit dem Zug oder einem Bodenseeschiff nach Lindau. Autofahrer finden mehrere kostenpflichtige Parkplätze vor.

Campingplätze:
- Camping Lindau-Zech (in Nähe der österreichischen Grenze, am Bodenseeradweg gelegen), schöner Strand, Tel. 08382/72236.
- Campingplatz in Wasserburg, Höhenstraße. 16, Tel. 08382/887951.
- Campingplatz Gohren, an der Argenmündung, Tel. 07543/8656 (schöner Bodenseestrand).
- Campingplatz Seefelden, Uhldingen, direkt am Radweg nach Birnau, Tel. 07556/5454.

Jugendherbergen:
- Jugendherberge in Lindau, Herbergsweg 11, Tel. 08382/96710.
- DJH »Graf Zeppelin«, Lindauer Str. 3, Friedrichshafen, Tel. 07541/72404.
- Jugendherberge Überlingen, Alte Nußdorfer Straße 26, Tel. 07551/4204.

TIPS

Sehenswert:

- Lindau: Historische Altstadt mit Patrizierhäusern, Laubengängen und Brunnen, altes Rathaus, Diebsturm, Haus zum Cavazzen (Stadtmuseum), Hafenanlage mit Marmorlöwe, neuer und alter Leuchtturm.
- Schachen: Friedensmuseum in der Lindenhofvilla.
- Wasserburg: Schloß, Georgskirche mit Zwiebelturm.
- Kreßbronn: Kabelhängebrücke »Golden Gate of Kreßbronn«.
- Langenargen: Schloß Montfort.
- Eriskirch: Naturschutzzentrum Eriskirch beim alten Bahnhof, Eriskircher Ried, Holzbrücke über die Schussen.
- Friedrichshafen: Schulmuseum, Zeppelin-Museum im Hafenbahnhof.
- Hagnau: Winzerverein Hagnau, Kellerführungen und Weinproben.
- Meersburg: Altes Schloß mit Burgmuseum und Wohn- und Sterbezimmer der Dichterin Annette von Droste-Hülshoff, Neues Schloß, Deutsches Zeitungsmuseum, Weinbau-Museum.
- Unteruhldingen: Pfahlbaumuseum.
- Birnau: Barocke Wallfahrtskirche St. Maria.
- Überlingen: Mittelalterlicher Stadtkern, prächtige Bürgerhäuser, St. Niko-laus Münster; Rathaus mit historischem Rathaussaal; Städtisches Heimat-museum; Stadtgarten mit Rosengarten, Rehgehege, Kakteenanlage.
- Sipplingen: Erlebniswelt mit Modelleisenbahn-, Modellauto- und Spiel-zeug-Museum, Puppenmuseum, Reptilienschau.

Radverleih:

- Lindau: Fahrrad Station, Bahnhof, Tel. 08382/21261. Friedrichshafen: Fahrradvermietung Sterzai Bikes, Paulinenstraße. 7, Tel. 07541/21271.
- Meersburg: Hermann Dreher, Am Stadtgraben 5, Tel. 07532/5176.

und bis Meersburg gedeihen Weinstöcke an den südlichen Hanglagen. Vorbei an zahlreichen Zeltplätzen trägt Sie die Straße direkt ins Zentrum von Hagnau, dem bekannten Weindorf am Bodensee, mit seinem 48 Meter hohen Kirchturm. Hier biegen Sie rechts ab und gelangen ans Seeufer. Flankiert von Weinbergen und Bodensee erreichen Sie *Meersburg*. In der Altstadt wetteifern zahlreiche schöne Gebäude und Museen um die Gunst der Besucher (Tour 11). Richtung Unteruhldingen fahrend, radeln Sie nun auf einem Radbegleitweg entlang der Straße. Links unten lädt das unverbaute Ufer zu einem Bad ein.

Das Pfahlbaumuseum von *Unteruhldingen* liegt direkt am Bodenseeradweg. Falls Sie an keiner Führung teilnehmen wollen, dann sollten Sie wenigstens vom Ufer des Strandbades aus einen Blick zu den Steinzeithütten werfen (siehe auch Tour 12). Der Weg schlängelt sich nun durch ein ruhiges Gebiet nach Seefelden und anschließend an der Klosterkirche *Birnau* vorbei. Die rosarote Barockkirche thront in der Höhe auf einem Weinberg und kann über eine Steigungsstraße erreicht werden. Der Radweg führt aber weiterhin der Bahn entlang über Nußdorf nach *Überlingen*, einer Stadt, in der Sie sich etwas umschauen sollten. Die verwinkelten Gassen der Altstadt, der sechseckige Turm des spätgotischen Münsters und die Seepromenade mit ihrem südländischen Flair machen die Pause zu einem Augenerlebnis.

Die Radtafeln dirigieren Sie aus der Stadt hinaus, dann über die Geleise und auf einem ruhigen Weg zum Ortsteil *Goldach* (Tour 13), wo Sie das KZ-Denkmal passieren.

Jetzt pedalieren Sie an steilen Sandsteinwänden vorbei. Nachdem Sie bei Süssenmühle das Trinkwasserpumpwerk passiert haben, steigt das Asphaltband nach *Sipplingen* in erträglicher Manier an. Dafür können Sie durch die schöne Altstadt kurven. Bis *Ludwigshafen* ist es nicht mehr weit. Der Bahnhof befindet sich am Ende des Ortes in Richtung Bodman.

Tour 29: Bodanrück, Halbinsel Höri und entlang des Untersee

INFOS

Charakter: *Von der gesamten Bodenseerundfahrt, müssen auf dieser Etappe die meisten Anstiege bewältigt werden. Der Radweg führt auf den Bodanrück, ein Bergrücken, der einen schönen Ausblick auf den Überlingersee und das gegenüberliegende Ufer ermöglicht. Der Tourenvorschlag, der entlang des Überlinger-, Zeller-, Gnaden- und Untersees führt, ist gut ausgeschildert und verläuft, mit Ausnahme der Strecke zwischen Stein am Rhein und Kreuzlingen, meist auf geteerten Wegen. Neben den landschaftlichen Schönheiten, lohnen es vor allem die Insel Mainau, die Konzilsstadt Konstanz und das Schweizer Städtchen Stein am Rhein, den Radsattel zu verlassen. Radler, die mehr Zeit zur Verfügung haben, finden auf der Künstlerhalbinsel Höri Museen für Otto Dix und Hermann Hesse und auf Schweizer Seite ein Napoleonmuseum und das malerische Fachwerkdorf Gottlieben.*

Länge: *111 km.*

Fahrzeit: *12–14 Stunden; 2 Tage.*

Ausgangspunkt: *Ludwigshafen/Bahnhof.*

Höhe des Ausgangspunktes: *398 m.*

Routenverlauf: *Ludwigshafen Bhf. – Bodman (4,5 km) – Langenrain (10 km) – Wallhausen (5,5 km) – Insel Mainau (8 km) – Konstanz (6 km) – Allensbach (12 km) – Radolfzell (10 km) – Gaienhofen (14 km) – Stein am Rhein Bhf. (10 km) – Steckborn (13 km) – Kreuzlingen Bhf. (18 km)*

Höchster Punkt: *542 m.*

Höhenunterschied: *200 m.*

Konditionelle Anforderungen: *mittel.*

Anschlußtouren: *Tour 14 (ab Ludwigshafen); Tour 15 und 16 (ab Konstanz); Tour 17 und 18 (ab Radolfzell); Tour 19 und 21 (ab Stein am Rhein); Tour 22 (ab Kreuzlingen).*

Karte: *ADAC-Kartenmappe »Rund um den Bodensee« (1:50.000), Blätter 1, 2, 10, 11, 12. Kompaß-Wanderkarte, Bodensee Gesamtgebiet (1:75.000).*

Der Bodenseeradweg führt am Bahnhof von *Ludwigshafen* vorbei. Halten Sie sich links, die Radtafeln lotsen Sie durch eine flache Landschaft zum Nachbarort *Bodman*, hinter dem sich der Bodanrück steil erhebt (Tour 14). Getreu den Radtafeln nach Radolfzell radeln Sie auf einer etwas stärker befahrenen Straße nach Osten. Nicht lange, denn schon bald biegen Sie in die erste Abzweigung nach links ab und halten auf den Bodanrück zu. Dort, wo die Straße verschwindet, heißt es kräftig kurbeln, denn nun müssen 130 Höhenmeter bewältigt werden. Sobald sich der Wald lichtet und einer Wiese Platz macht, sind die hochprozentigen Steigungen bewältigt. Nach *Liggeringen*

schwingt sich die Straße sanft hinauf. In weiterer Folge steuern Sie *Langenrain* an, wo am Ende des Dorfes der Weg zur romantischen Marienschlucht (Naturschutzgebiet) abzweigt. Eine gute Gelegenheit die Füße etwas zu vertreten (Tour 14). Auf der Weiterfahrt nach Dettingen können Sie auf einem Radbegleitweg dahinrollen, die Radsymbole leiten Sie schließlich weg von der Straße und auf kiesigen Schleichwegen durch Wald und Wiesen zum Friedhof von *Dettingen*, wo Sie das Velo links hinunter bis nach *Wallhausen* der Schwerkraft überlassen können. Die nun folgende Strecke bis Konstanz ist in Tour 15 in umgekehrter Reihenfolge genau beschrieben. Bei

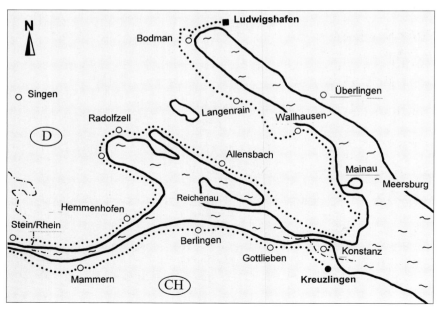

Auskunft:

- *Verkehrsamt Ludwigshafen, Hafenstraße 5, D-78351 Ludwigshafen, Tel. 07773/930040, Fax 07773/930043.*
- *Tourist Information, Bahnhofplatz 13, D-78462 Konstanz, Tel. 07531/133030, Fax 07531/133060.*
- *Tourist Information, beim Bahnhof, D-78303 Radolfzell, Tel. 07732/81500, Fax 07732/81510.*
- *Verkehrsbüro/Tourist-Service, Oberstadt 9, CH-8260 Stein am Rhein, Tel. 052/7412835, Fax 052/7415146.*
- *Verkehrsverein, Hauptstraße 39, CH-8280 Kreuzlingen, Tel. 071/6723840, Fax 071/6721736.*

Anreise:

Stündliche Zugverbindung von Singen, Radolfzell und Lindau. Mit dem Schiff von Überlingen nach Ludwigshafen.

Campingplätze:

- *Camping See-Ende, zwischen Bodman und Ludwigshafen, Tel. 07773/5366.*
- *Campingplatz Litzelstetten-Mainau, Tel. 07531/943030. DRK-Bodensee, Konstanz-Staad, Tel. 07531/33057.*
- *Camping in Radolfzell-Markelfingen, Tel. 07732/10611.*
- *Camping Orich, Stein am Rhein, Tel. 052/7413271.*
- *Fischerhaus, Promenadenstraße 152, CH-8280 Kreuzlingen, Tel. 071/6884903.*

Jugendherbergen:

- *Jugendherberge, Zur Allmannshöhe 18, Konstanz, Tel. 07531/32260.*
- *Jugendherberge in Stein am Rhein, Tel. 052/7411255.*
- *Jugendherberge Hörnliberg, Promenadenstraße 7, CH-8280 Kreuzlingen, Tel. 071/6882663 (auch Fahrradverleih).*

Sehenswert:

- *Bodman: Bodman-Museum im Rathaus; Parkanlage beim Schloß Bodman.*
- *Langenrain: Marienschlucht.*
- *Konstanz: Münster (herrlicher Rundblick vom Turm); Rosgarten-Museum (Kultur und Kunst der Bodenseeregion); Hus-Museum; Bodensee-Naturmuseum; Archäologisches Landesmuseum Baden-Württemberg; Konzilsgebäude und die Kurtisane namens »Imperia« am Hafen; freskengeschmückte Altstadthäuser, Zunfthäuser.*
- *Insel Mainau: Tausende von Blumen, exotische Pflanzen und Schmetterlingshaus.*
- *Radolfzell: Stadtmuseum; Münster »Unserer Lieben Frau«, eine spätgotische dreischiffige Basilika; das Österreichische Schlößchen (Renaissancebau); Stadtgarten im ehemaligen Stadtgraben.*
- *Gaienhofen: »Hermann-Hesse-Höri-Museum«, Gemälde- und Skulpturengalerie der Höri-Künstler, Ausstellung der Pfahlbausiedlungen der Jungsteinzeit.*
- *Hemmenhofen: Otto-Dix-Museum.*
- *Stein am Rhein: Burg Hohenklingen; Puppenmuseum; Phonografen-Museum; sehenswerte freskengeschmückte Häuser in der Altstadt; Burg Hohenklingen.*
- *Ermatingen: Fischereimuseum an der Schiffslände; schöne Riegelhäuser.*
- *Arenenberg: Schloß Arenenberg mit Napoleon-Museum.*
- *Steckborn: Heimatmuseum im Turmhof.*
- *Kreuzlingen: Seemuseum Kornschütte (Ausstellung zu den Themen Schiffahrt und Handel, Fischerei, Fischkunde, Seenforschung, Gewässerschutz, Tourismus); Puppenmuseum Jeannine auf dem Girsberg; Basilika St. Ulrich, ehemaliges Kloster Kreuzlingen; Heimatmuseum Rosenegg; Feuerwehrmuseum.*

Radverleih:

- *Ludwigshafen: Surfshop »See-End«, Hauptstraße 15, Tel. 07773/5009 (verschiedene Modelle, auch Kinderräder).*
- *Konstanz: Kultur-Rädle, Blarerstraße 19, Tel. 07531/27310.*
- *Radolfzell: Fahrradgeschäft Mees, Höllturm-Passage 1 (Innenstadt), Tel. 07732/2828.*
- *Stein am Rhein: SBB, Bahnhof, Tel. 054/7412134.*
- *Kreuzlingen: SBB, Bahnhof, Tel. 071/6724384.*

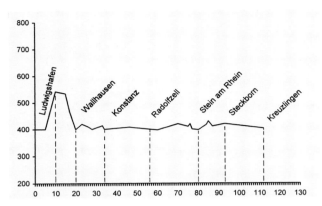

Wallhausen erreichen Sie nun wieder das Ufer des Überlingersees, beim Strandbad dirigiert die Radtafel den Biker nach links. Ab nun geht's auf ruhigen Wegen durch Felder und Wiesen bis zur Insel Mainau. Dabei können Sie immer wieder die gute Aussicht auf den Überlingersee und das gegenüberliegende Ufer mit der Klosterkirche Birnau genießen. Mit längeren, kräftigen Steigungen müssen Sie nun nicht mehr rechnen. Für einen Besuch auf der Blumeninsel *Mainau* sollten Sie mindestens eine Stunde einplanen, denn die exotischen Pflanzen und das Schmetterlingshaus lassen jeden Gedanken an Weiterfahrt sehr schnell vergessen (Tour 15). Doch bis Konstanz ist es nicht mehr weit. Die Radsymbole der ausgezeichnet beschilderten Strecke leiten Sie nach Egg hinauf, dann durch den Universitätspark und schließlich mitten in die Konzilsstadt *Konstanz*, die eine sehenswerte Altstadt besitzt. Im

Hafengebiet mit dem Konzilsgebäude und der »Imperia« läßt sich's zudem gut bummeln (Tour 15). Von der Konstanzer Altstadt oder der Seebrücke können Sie sich vorerst der Radtafel nach Reichenau anvertrauen. Die Fahrt führt nun zuerst an Rhein entlang, dann neben der Hauptstraße vorbei am Wollmatinger Ried zur Abzweigung nach Reichenau (Tour 16). Nun halten Sie sich an die Radtafeln nach Allensbach, einen Ort, den Sie schon bald erreichen. Bis *Radolfzell*, der größten Stadt am Untersee, ist es nicht mehr weit (Tour 18).
Die Reise wird am Bahnhof von Radolfzell fortgesetzt; die Strecke bis Stein am Rhein ist in Tour 18 genau beschrieben. Der gesamte Weg auf der Höri-Halbinsel ist für Radler markiert.
Ab der Ortschaft *Moos* rollen Sie auf der Halbinsel Höri, der Weg wird rechts von Feldern und links von Schilfflächen des Zellersees gesäumt. Immer im Respektabstand zum Ufer, das dank Naturschutzgebiet größtenteils unverbaut ist, radeln Sie nun auf einsamen, meist ungeteerten Wegen. Durch Iznang und unterhalb an Gundholzen und Horn vorbei erreichen Sie schließlich *Gaienhofen* mit

seinem Hermann-Hesse-Höri-Museum. Im Nachbarort *Hemmenhofen* lädt das Otto-Dix-Haus mit Werken des bildenden Künstlers zu einem kurzen Aufenthalt ein. Nun sind es nur noch wenige Kilometer bis Sie über die grüne Grenze die Schweiz betreten und alsbald in *Stein am Rhein*, eine der besterhaltenen mittelalterlichen Kleinstädte der Schweiz, eintreffen. Wenn Sie über den Rhein fahren, zweigt gleich nach der Brücke links der »Rhyweg« ab. Der später unge- teerte Weg führt schon bald vom Ufer weg, vorbei an der Insel Werd und dann auf dem Rheinweg weiter. Etwas später radeln Sie auf der Lin- denhofstraße rechts hinein, auf ihr gelangen Sie zur Hauptstraße, wo Sie geradeaus weiterfahren, die Geleise überqueren und dann links abbiegen. Die ersten Radtafeln des Seeuferweges tauchen hier nun auf

und leiten Sie problemlos bis nach Kreuzlingen. Während früher sehr oft auf der stark befahrenen Straße gera- delt werden mußte, haben sich die Tourismusverantwortlichen sehr bemüht, die Radler von der Straße wegzubekommen. So entstanden neue Radwege, die teilweise einen schönen Blick auf den Untersee und die Höri-Halbinsel ermöglichen. Es gibt nur noch wenige Kilometer, bei denen der Biker die Autos im Nacken hat.

Während zu Beginn mit etwas Auf und Ab gerechnet werden muß, er- wartet den Radler auf der zweiten Hälfte der Tour nur noch eine gemütli- che Radfahrt. Die gesamte Strecke führt abwechselnd auf geteerten oder gekiesten Wegen nach Westen. Eine genaue Beschreibung dieser Strecke finden Sie in der Tourenbeschreibung 21.

Tour 30: Von Kreuzlingen über Bregenz nach Lindau

Charakter: *Auf dieser Dreiländertour radeln Sie am gesamten schweizerischen und österreichischen Uferbereich des Obersees entlang, wobei die Landschaft noch nicht so stark vom Tourismus geprägt ist, wie das auf deutscher Seite der Fall ist. Die Radwege, oft mit Kiesbelag, sind ausgezeichnet beschildert und die verantwortlichen Verkehrsplaner verlegen immer mehr Streckenabschnitte von der Straße weg. Die Tour ist gekennzeichnet durch ein Radeln größtenteils in Sichtweite des Ufers und ohne großen Steigungen. Nur kurz nach Rorschach muß mit einem kleinen Steilstich – zur Umgehung der Hauptstraße – gerechnet werden. In der Schweiz blieb der Uferbereich von großflächigen Verbauungen bisher verschont, und in Österreich sind große Teile des Ufers naturbelassen und als Naturschutzgebiet ausgewiesen. In den charmanten Orten Arbon, Bregenz und Lindau hat der Reisende genügend Möglichkeiten, Kultur zu genießen.*

Länge: *80 km.*

Fahrzeit: *9–10 Stunden (2 Tage).*

Ausgangspunkt: *Stein am Rhein/Bahnhof.*

Höhe des Ausgangspunktes: *398 m.*

Routenverlauf: *Kreuzlingen Bhf. – Romanshorn (22 km) – Arbon (10 km) – Rorschach (8 km) – Rheineck (8 km) – Fußach (10 km) – Hard (4 km) – Bregenz (8 km) – Lindau Bhf. (10 km)*

Höchster Punkt: *441m.*

Höhenunterschied: *50 m.*

Konditionelle Anforderungen: *leicht.*

Anschlußtouren: *Tour 19 und 21 (ab Stein am Rhein); Tour 20 (ab Ermatingen); Tour 22 (ab Kreuzlingen); Tour 23 und 24 (ab Romanshorn); Tour 25 (ab Rorschach); Tour 26 (ab Rheineck); Tour 3 (ab Höchst/Lustenau); Tour 1 und 2 (ab Bregenz); Tour 7 und 8 (ab Lindau).*

Karte: *ADAC-Kartenmappe »Rund um den Bodensee« (1:50.000), Blätter 7–12. Kompaß-Wanderkarte, Bodensee Gesamtgebiet (1:75.000).*

Bevor Sie die Tour in Angriff nehmen, kann in *Kreuzlingen* das Feuerwehr- und Heimatmuseum Rosenegg oder das Puppenmuseum auf dem Girsberg besucht werden.

Die Reise beginnt man am besten beim Bahnhof Kreuzlingen. Schwingen Sie sich in den Sattel und pedalieren Sie links entlang der Bahnhofstraße. Die Kreuzung überquerend setzen Sie die Fahrt geradeaus auf der Hafenstraße fort. Nach einer langgezogenen Rechtskurve nützen Sie die erste Möglichkeit (kurz vor dem Hafenbahnhof), die Geleise zu queren und schwenken danach sofort rechts in einen kleinen Weg ein. Damit befinden Sie sich auf dem dann gut ausgeschilderten Seeufer-

weg. Dort, wo die Seestraße die Geleise überquert, leiten Sie die Radschilder links weg und dann entlang des Seeburgparkes.

Dieser Park, in dem auch ein Tiergehege und eine Storchenstation untergebracht sind, ist einer der schönsten Anlagen am Bodensee. Blickfang ist die Seeburg, der ehemaliger Sommersitz der Konstanzer Bischöfe. Im Kornhaus befindet sich das Seemuseum.

Die Tour führt nun weiter vorbei am Campingplatz und Kreuzlinger Freibad; hier bietet sich ein erfrischendes Bad im Bodensee an. Nachdem sich der Radweg dem Bahndamm genähert hat, sind es nur noch wenige Meter bis nach *Bottighofen*.

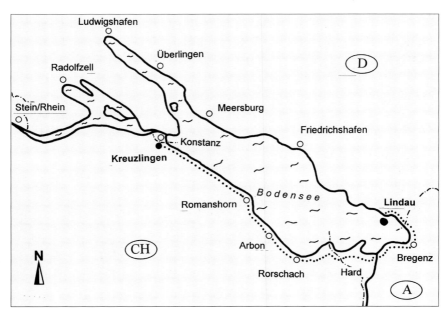

Ab nun führt die größtenteils kiesige Strecke gemütlich durch Wiesen und Obstplantagen, mit schönem Blick auf den See, wo besonders an Wochenenden Tausende von Segelschiffen kreuzen. Campingplätze, Strandbäder, Obstgärten und Wiesen wechseln sich ständig ab. Immer wieder bieten Bauern den Radfahrern Obstprodukte, Fruchtsäfte und andere Energielieferanten an.

Die Fahrt über *Uttwil* nach Romanshorn führt nun mehr oder weniger entlang der Bahn, der Weg steuert geradewegs den Hafen von *Romanshorn* an, dann geht's zum Bahnhof. Entlang der Geleise und mehrmals dieselben querend gelangen Sie schon bald nach *Egnach*, einem kleinen Ort, den der Radler auf Schleichwegen durchradelt. Danach radeln Sie bis *Arbon* immer neben der Bahnlinie auf einem gut hergerichteten Kiesweg. Die Radtafeln lotsen den Biker in die sehenswerte Innenstadt von Arbon. Auch wenn Sie nicht viel

Zeit haben, sollten Sie einfach ein wenig durch die Gassen kurven, um wenigstens einen kleinen Eindruck dieser schönen Stadt zu erheischen (Tour 24).

Arbon verlassen Sie entlang des Ufers, ab Horn müssen Sie zwar neben der Hauptstraße fahren, doch für die Radler wurde der Gehsteig besonders breit ausgebaut. Bevor die Straße die Gleise überquert, biegen Sie links ab und rollen nun neben dem Ufer bis zum Hafen von *Rorschach*. Dort wartet das Automobil-, Motorrad- und Automatenmuseum auf Besucher. Der Weg schlängelt sich nun weiter bis zum Bahnhof, wenige Meter später dirigiert die Radtafel den Pedaleur weg von der Hauptstraße steil über eine Brücke vorerst in Richtung »Rorschacherberg«. Nach dem kurzen Anstieg treten Sie links weiter bis zur nächsten Abzweigung, dann rechts hinauf. Für längere Zeit folgen Sie nun der Wilenstraße, an deren Ende Sie links nach *Buechen* weiterradeln. Es geht durch den Ort bergab, dann laut Radtafeln bei der Kreuzung kurz rechts und beim Fußballplatz gleich links hinein. Vorbei an schönen Weinhängen rollt Ihr Rad nun durch ein kleines Trogtal. Nach

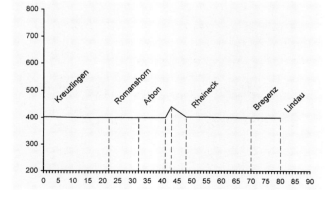

Auskunft:

- Verkehrsverein, Hauptstraße 39, CH-8280 Kreuzlingen,
  Tel. 071/6723840, Fax 071/6721736.
- Tourist Information, Postfach 28, im Bahnhof, CH-8590 Romanshorn,
  Tel. 071/4633232, Fax 071/4611980.
- Verkehrsbüro, beim Hafenbahnhof, Hauptstraße 63, CH-9401 Ror-
  schach, Tel. 071/8417034, Fax 071/8417036.
- Bregenz Tourismus, Anton-Schneider-Straße 4a, A-6900 Bregenz,
  Tel. 05574/43391-0, Fax 05574/4339110.

Anreise:

Mit dem Zug von Rorschach, Zürich oder Schaffhausen nach Kreuzlingen.
Deutsche Staatsbürger gelangen über Konstanz nach Kreuzlingen.

Campingplätze:

- Fischerhaus, Promenadenstraße 152, CH-8280 Kreuzlingen,
  Tel. 071/6884903.
- Camping Ruederbaum, Altnau (am See gelegen), Tel. 071/6952965.
- Camping und Strandbad Uttwil; Camper können das Strandbad kostenlos
  benutzen; Tel. 071/4634773.
- Camping Idyll, Mennstraße, Altenrhein (Eintritt ins Strandbad gratis),
  Tel. 071/8554213.
- Seecamping (am Seeradweg in Richtung Bregenzer Ache gelegen),
  Bodangasse 7, A-6900 Bregenz, Tel. 05574/71895,
  Fax 05574/71896.

Jugendherbergen:

- Jugendherberge Hörnliberg, Promenadenstraße 7, CH-8280 Kreuzlingen,
  Tel. 071/6882663 (auch Fahrradverleih).
- Jugendherberge, Gottfried-Keller-Straße 6, Romanshorn,
  Tel. 071/4631717.
- Jugendherberge, Sport- und Freizeitunterkunft beim Strandbad,
  Tel. 071/8449712.
- Jugendherberge Bregenz, Belruptstraße 16a, Tel. 05574/42867,
  Fax 05574/42867-4.

Sehenswert:

- *Kreuzlingen: Seemuseum Kornschütte (Ausstellung zu den Themen Schiffahrt und Handel, Fischerei, Fischkunde, Seenforschung, Gewässerschutz, Tourismus); Puppenmuseum Jeannine auf dem Girsberg; Basilika St. Ulrich, ehemaliges Kloster Kreuzlingen; Heimatmuseum Rosenegg; Feuerwehrmuseum.*
- *Romanshorn: Schloß mit Alter Kirche; Kleines Museum am Hafen. Arbon: Rathaus; Römerhof; Fischermarktplatz; Heimatmuseum im Schloß; Saurer-Oldtimermuseum; Obst- und Brennereimuseum im Ortsteil Stachen.*
- *Rorschach: Kornhaus; Alte Garage, Automobil-, Motorrad- und Automatenmuseum; alte Bürgerhäuser an der Hauptstraße und Mariabergstraße.*
- *Bregenz: Militärmuseum im Martinsturm; Seeanlagen mit Pavillon; Vorarlberger Landesmuseum; Seebühne beim Festspielhaus; Kunsthaus vis-à-vis vom Hafen; Oberstadt von Bregenz (Martinsturm, Ehre-Guta-Platz, Altes Rathaus).*
- *Pfänder: Panoramablick; Adlerwarte mit Greifvogelflugshow; Alpenwildpark; Fahrt auf den Pfänder mit der Gondelbahn, Fahrradtransport möglich.*

Radverleih:

- *Kreuzlingen: SBB, Bahnhof, Tel. 071/6724384. Velodrom Bodensee, Kirchstraße 1, Tel. 071/6723011.*
- *Romanshorn: SBB, Bahnhof, Tel. 071/4636220.*
- *Rorschach: SBB, Hauptbahnhof, Tel. 071/8411836.*

dem Sie die Talseite gewechselt haben, tauchen Schilfflächen auf. Gleich darauf schwingt sich der Weg unter der Autobahn hindurch und trägt Sie zur Hauptstraße, der Sie kurz links folgen. Die Radtafel nach Rheineck läßt den Radler alsbald rechts abbiegen und auf einsamen Wegen bis zum Bahnhof von *Rheineck* radeln.

Dort nehmen Sie die Unterführung und gelangen damit zum Alten Rhein, wo man auf einer speziell für Radfahrer hergerichteten Brücke nach Österreich gelangt.

Fahren Sie beim Grenzübergang rechts weiter, die Radtafeln des Bodenseeradweges leiten Sie um *Gaißau* herum nach *Höchst* bis zum Neuen Rhein heran. Neben dem Damm rollen Sie nun flußab bis

Fußach, überqueren den Rhein und halten sich gleich danach links. Eine ruhige Teerstraße führt Sie neben dem Rheindamm zu einer kleinen Imbißstube. Davor radeln Sie rechts hinein. Die genaue Beschreibung der Strecke bis Bregenz ist in Tour 2 beschrieben. Über die Ortschaft *Hard* erreichen Sie die Bregenzer Ache, anschließend leitet der Radweg den Reisenden an der Bregenzer Bucht nach *Bregenz* (Tour 1). Vorbei am Bahnhof und Hafen können Sie nun beinahe bis zum Grenzübergang nach Deutschland in Greifweite des Bodenseeufers radeln. Auf deutscher Seite werden Sie über verschiedene Straßen bis zur Insel *Lindau* geleitet, womit sich der Kreis schließt.

Ortsregister

Die Ziffern hinter den Ortsnamen verweisen auf die Touren, auf deren Strecke der jeweilige Ort liegt. Ob der gesuchte Ort zu Deutschland, Österreich oder der Schweiz gehört, kann an den in Klammern stehenden Kfz-Landeskennzeichen abgelesen werden.

A

Achberg (Schloß) (D) 7
Affenberg (D) 12
Alberschwende (A) 6
Allensbach (D) 29
Almischberg (CH) 24
Altenrhein (CH) 25
Alterswilen (CH) 22
Altnau (CH) 23
Altstätten (CH) 26
Andwil (CH) 23
Appenzell (CH) 26
Arbon (CH) 24, 30
Au (CH) 26

B

Bad Schachen (D) 8, 28
Bangs (A) 5
Baufnang (D) 12
Berg (CH) 22
Berlingen (CH) 21
Bildstein (A) 6
Birnau (D) 12, 28
Bodenwald (D) 14
Bodman (D) 14, 29
Bohlingen (D) 18
Böhringen (D) 17
Bommen (CH) 22
Bottighofen (CH) 22, 30
Bregenz (A) 1, 2, 30
Brülisau (CH) 26
Brünnensweiler (D) 9
Buch (A) 6
Buch (CH) 23
Buechen (CH) 30
Bulgen (CH) 20

Bumeshus (CH) 24
Büriswilen (CH) 26
Büsingen (D) 19

C

Chressibuech (CH) 23

D

Deisendorf (D) 12
Dettingen (D) 15, 29
Dieglishofen (D) 9
Diessenhofen (CH) 19
Dornbirn (A) 4
Dornbirn/Gütle (A) 4
Duznau (D) 7

E

Egg (D) 15
Egnach (CH) 24, 30
Eichberg (CH) 26
Engishofen (CH) 23
Eriskirch (D) 9, 10, 28
Ermatingen (CH) 20, 21
Eschenz (CH) 21
Esseratsweiler (D) 7

F

Farnach (A) 6
Feilen (CH) 24
Felwis (CH) 24
Feuerthalen (CH) 19
Flunau (D) 7
Flurlingen (CH) 19
Frenkenbach (D) 11
Freudental (D) 14
Friedingen (D) 17